PAULO
Uma ficção

Renato Alexandre

PAULO
Uma ficção

Ágape
AMOR INCONDICIONAL

São Paulo 2011

Copyright © 2011 by Renato Alexandre

PRODUÇÃO EDITORIAL Equipe Ágape
DIAGRAMAÇÃO Francieli Kades
CAPA Carlos Eduardo Gomes
REVISÃO DE TEXTO Iolanda Nicioli
Lucas Cartaxo

Texto de acordo com as normas do Novo Acordo Ortográfico da Língua Portuguesa (Decreto Legislativo nº 54, de 1995)

Dados Internacionais de Catalogação na Publicação (CIP) (Câmara Brasileira do Livro, SP, Brasil)

Alexandre, Renato
  Paulo, uma ficção / Renato Alexandre. -- São Paulo: Ágape, 2011.

1. Ficção cristã 2. Ficção brasileira I. Título

11-11598   CDD-869.93

Índices para catálogo sistemático:
1. Ficção cristã: Literatura brasileira 869.93

2011
Publicado com autorização. Nenhuma parte desta publicação pode ser reproduzida sem a devida autorização da Editora.
EDITORA ÁGAPE
Al. Araguaia, 2190 - 11º andar – Conj. 1112
CEP 06455-000 - Barueri - SP
Tel. (11) 3699-7107 Fax. (11) 2321-5099
www.editoraagape.com.br

Dedicatória

Dedico esta obra a Deus e Pai e ao nosso SENHOR Jesus Cristo pelo seu amor e graça que tem me dado. Também agradeço a pessoa bendita do Espírito Santo que, assim como Cristo disse, ensinaria todas as coisas (S. João 14.26). Agradeço também aqueles que, direta ou indiretamente, contribuíram para que este trabalho fosse concluído, com seu incentivo e apoio. São muitas as pessoas, mas aqui reservo este espaço para apenas três delas:

Meu pastor local Emerson Alarcon, com quem sempre venho aprendendo a respeito das Escrituras Sagradas sobre o caráter do verdadeiro cristão.

Minha amiga Priscilla Lemos, da cidade de Duque de Caxias no Rio de Janeiro, que sempre tem me apoiado, orado por mim, ajudado e encorajado a prosseguir sem olhar para mais ninguém que não seja Jesus Cristo.

E por fim, meu amigo, enfermeiro Luiz Renato, que foi uma pessoa usada por Deus para me incentivar a continuar a escrita deste trabalho, apoiando-me e encorajando-me nos momentos em que pensei em desistir deste projeto.

Sei que há ainda muitas outras pessoas que não foram citadas, unicamente pela falta de espaço, porém fica aqui meu apreço e minha gratidão a todos que oraram, acreditaram e me incentivaram. Que Deus abençoe a vida de todos aqueles que me ajudaram, pois sei que sem eles não teria conseguido encontrar disposição para dar continuidade à chamada que Deus me deu. A todos, meu muito obrigado!

Bem-aventurados serão vocês quando, por minha causa, os insultarem, os perseguirem e levantarem todo tipo de calúnia contra vocês.
Alegrem-se e regozijem-se, porque grande é a sua recompensa nos céus, pois da mesma forma perseguiram os profetas que viveram antes de vocês (S. Mateus 5.11,12 NVI).

Índice

Prefácio 9

Introdução 11

Capítulo 1 – O chamado 13

Capítulo 2 – Lembranças de um grande futuro 23

Capítulo 3 – Tem início a oposição 37

Capítulo 4 – A perseguição 59

Capítulo 5 – Lutando contra Deus? 77

Capítulo 6 – Nova vida em Cristo 105

Capítulo 7 – O avanço do evangelho 135

Capítulo 8 – O renascimento do herói – a primeira viagem 171

Capítulo 9 – O retorno triunfante para casa 197

Capítulo 10 – O prenúncio de um grande mal – a segunda viagem 225

Capítulo 11 – Uma viagem – dois caminhos 249

Prefácio

Desde quando consigo me lembrar, sempre me fiz a mesma pergunta: "Como seria se acaso o apóstolo Paulo fizesse uma visita a nossas igrejas atualmente?"

Nunca consegui obter uma resposta satisfatória, porém de uma coisa tenho certeza: Ele não ficaria muito contente e satisfeito com a situação atual. A igreja de Cristo da atualidade está muito distante do verdadeiro propósito de sua existência, isto é, proclamar o evangelho de Jesus Cristo. São dias em que a Igreja está cada vez mais mística. Há muitas pessoas correndo atrás de falsas promessas de uma vida fácil e livre de sofrimentos, como se isso fosse o propósito de Deus para o homem – sem apologia alguma à pobreza. Claro que Deus abençoa a todos, porém a vontade de Deus é que *"nenhum dos pequeninos se perca"* (S. Mateus 18.14). Há muitos crentes frustrados hoje em dia, pois perseguem o dito "sobrenatural" com tamanha intensidade que não vivem mais o seu natural.

Paulo – uma ficção reflete toda a essência daquilo que deveria ser a busca do cristão, a saber, procurar viver de acordo com a vontade de Deus. Este livro também revela o coração daqueles que não vivem segundo ditames e regras de líderes religiosos inescrupulosos e corruptos, antes buscam pautar sua vida cristã segundo o evangelho de Jesus Cristo.

Este livro mostra a luta pela liberdade cristã e os desafios de se viver de acordo com a verdade que liberta (S. João 8.32), à medida que se vive sob as sombras do legalismo religioso, pragmatismo e sincretismo que tanto cercam todos.

Acompanhe o jovem pastor Paulo durante sua caminhada em busca do verdadeiro sentido do evangelho, ou seja, o amor pelo próximo. Grandes perigos espreitam sua peregrinação ao mesmo tempo em que proclama o evangelho com coragem e ousadia.

Renato Alexandre – outubro de 2010

Introdução

Paulo – uma ficção trata de um drama que mostrará as aventuras do jovem pastor Paulo, personagem fictício baseado no apóstolo dos gentios, Paulo. A ideia para a criação da história veio por ocasião da leitura de dois clássicos, um deles *Evangelhos que Paulo jamais pregaria*, do autor Ciro Sanches Zibordi, publicado pela CPAD, no qual o autor faz uma alusão a como seria se o próprio apóstolo Paulo fizesse uma visita a nossas igrejas. A outra obra que me inspirou foi o livro *Eli: e se o Messias tivesse nascido em nossos dias*, do autor Bill Myers, publicado pela Editora Vida, no qual o personagem (fictício) Eli Shepherd, o Messias, que veio em cumprimento às Escrituras do Antigo Testamento, realiza milagres, ressuscita mortos e fala palavras grandiosas para as multidões.

Tenho total consciência da dificuldade de tirar o apóstolo Paulo de sua zona de conforto, isto é, do cenário bíblico, e transportá-lo para um cenário hodierno. Com isso, precisei despojar Paulo de todo conceito judaico a que ele estava ligado e isso trouxe um resultado que, julgo, poderia ter sido bem melhor.

Esta história é uma mescla de realidade com ficção, um mundo paralelo ao de hoje. Alguns nomes de pessoas e lugares foram mantidos, enquanto outros precisaram ser modificados por questões de melhor sincronia com o enredo.

Espero que, ao ler, você aprecie e perceba a mensagem que realmente quis transmitir com essa ideia.

O jovem pastor Paulo é um brilhante teólogo que, após um acidente grave em uma autoestrada, acaba em coma no hospital, onde é confrontado pelo próprio Jesus Cristo na cidade (fictícia) de Damasco. Desde então, sua vida foi transformada e ele passa a proclamar as verdades do evangelho as quais ele havia negligenciado por causa de fama, *status* e poder. Sua busca pela verdade o levará a se confrontar com aqueles que tanto haviam investido nele no passado, entre eles, o ambicioso Dr. Carlos Andrada, que queria construir um megatemplo de adoração para perpetuar seu nome na história da igreja como alguém que trouxe a glória de Deus para a grande e opulenta cidade de Damasco.

Ganância, traição, inveja, amor e ódio irão preencher cada página desta emocionante história de ficção. Em meio a tudo isso, a graça e o amor de Jesus Cristo podem transformar a vida de qualquer pessoa obstinada em alguém realmente submisso à sua vontade.

Esta é uma história fictícia baseada em fatos daquele que foi, depois de Jesus Cristo – a meu ver –, o maior homem que já andou nesta terra, o apóstolo Paulo. Qualquer semelhança entre esta história de ficção com a realidade é mera coincidência.

Capítulo 1
O chamado

A cidade de Damasco era maravilhosa! Uma das maiores cidades de toda a região. Naquela cidade, todos os moradores viviam suas vidas em paz, tranquilidade e harmonia. Um lugar realmente adorável para se viver. Ainda me lembro bem dos tempos passados, quando tudo era diferente. O sol iluminava os campos que circundavam o mercado da praça, as grandes macieiras que eram cultivadas por alguns cidadãos, os pássaros que se aninhavam sobre as árvores, o barulho das crianças que corriam em torno da fonte da praça, o comércio com sua constante agitação, as pessoas que sobreviviam do trabalho das grandes indústrias exportadoras de mercadorias no campo tecnológico, enfim, fico aqui lembrando com nostalgia nas palavras. Ela era conhecida também por ser uma cidade muito religiosa, tendo nela a grande sede da Igreja Nova Vida, a maior e mais poderosa instituição religiosa de que se tinha conhecimento. A Igreja Nova Vida era muito respeitada por todos os habitantes da região conhecida, até então, como Ásia Menor, tendo suas filiais espalhadas por toda aquela imensidão de território. Porém, essa mesma igreja era também conhecida por sua notória corrupção moral e espiritual no meio da cristandade e das demais pessoas residentes em toda Ásia. Seu antigo líder, o Dr. Carlos Andrada, com seu conselho de pastores, idealizou e pôs em andamento a construção de seu plano mais ambicioso: a construção de um megatemplo de adoração para os fiéis da Igreja Nova Vida. A parte boa era que todos teriam um lugar luxuoso para adorar a Deus; a parte má era que o dinheiro para a construção do templo vinha de forma ilícita! Líderes corruptos que pregavam um evangelho deturpado para angariar fundos para a construção, homens e mulheres que pregavam um evangelho de prosperidade e riquezas à custa do genuíno evangelho de Jesus Cristo, tudo isso para sustentar o sonho egoísta e ambicioso de um déspota que manipulava as pessoas para atingir seus planos.

A ganância dos grandes líderes religiosos não tinha fim, porém o mais triste era ver o povo que, ingenuamente, por falta de instrução bíblica, contribuía na esperança de prosperar na vida. Todos eram ludibriados, enganados, escravizados pelo jugo opressor da religião. Enfim, a imoralidade era a realidade dos bastidores desta que era considerada e respeitada como a maior instituição religiosa do mundo. Claro, sempre aparecem aqueles que se opõem à corrupção, e aqui, em Damasco, não foi diferente. Homens e mulheres levantaram-se contra o império do Dr. Andrada, alguns pagando com a própria vida, pois, como se dizia, "ninguém luta contra o escolhido e ungido de Deus!"; mas isso é um mero detalhe.

Tenho hoje quase sessenta anos de idade e pude contemplar grande parte daquilo que hoje lhe escrevo, meu velho amigo Teófilo, porém, o que eu não presenciei, pesquisei com aqueles que testemunharam e sei que posso confiar no testemunho deles. Bem sei, meu amigo, que você gosta das antigas histórias de heróis e bandidos, por isso, não tendo muita coisa que um velho como eu possa fazer, resolvi lhe escrever aquilo que se passou por aqui, pois lhe dará momentos de grande entretenimento, além, é claro, de lhe inspirar e ajudar na sua fé recém-adquirida.

Como toda boa história, há os vilões – os religiosos – e os mocinhos – aqueles que lutam pela causa do evangelho puro e genuíno de Jesus Cristo. E esses mocinhos tiveram seu expoente máximo na pessoa de meu antigo amigo: o pastor Paulo. Um exemplo de homem de Deus. Um homem íntegro, poderoso nas Escrituras, destemido, corajoso; enfim, em minha opinião, depois de Jesus Cristo, o nosso SENHOR, ele foi o maior homem que já vi pisar nesta Terra. Mas, nem sempre sua vida foi de se elogiar e admirar, pois como todo grande homem de Deus, ele tinha suas falhas, seus erros, erros pelos quais viria, posteriormente, a se arrepender.

Pois bem, irei lhe relatar, meu amigo, como tudo ocorreu e espero que aprecie a história.

Boa leitura!

♦

21h45. O ano é 2010. Em uma típica noite quente no Hospital São Judas, localizado na rua chamada Direita, da grande e famosa cidade de Damasco, uma ambulância chega a toda velocidade trazendo um jovem acidentado e quase morto.

A equipe de enfermagem adentra os corredores do hospital em direção à sala de emergência do pronto-socorro para os primeiros procedimentos.

– Atenção, emergência!... – grita a enfermeira, uma mulher forte de expressão, demonstrando verdadeira preocupação com o estado do jovem.

– Paciente gravemente ferido, aparentando 25 anos; pulsação baixa, oxigenação no sangue também baixa, sinais vitais caindo!

– Vítima de acidente com carro em pista molhada, abram caminho!

Neste momento um médico – muito bem vestido com sua camisa azul marinho, calça *jeans* e tênis – entra e, após medir os sinais vitais do paciente e fazer o primeiro atendimento, encaminha o jovem para internação na UTI – Unidade de Terapia Intensiva –, onde teria um melhor acompanhamento do quadro clínico.

Todos os pacientes e funcionários, nos corredores do hospital, estavam curiosos demais por causa do alarde anteriormente feito pela enfermeira sobre o estado crítico do paciente. A equipe de enfermagem adentra a UTI e logo acomoda o paciente no leito, ligando-o aos equipamentos de respiração artificial e monitoração dos sinais vitais.

Enquanto estava desmaiado, em razão do acidente, o jovem começa a ter algo que parecia mais com uma visão do que com imagens difusas de uma mente em choque.

– *Paulo... Paulo...* – uma voz se fazia ouvir na mente do rapaz.

– Pressão arterial: 7/5, pulsação 125, saturação de oxigênio: 80.

– O quadro clínico do paciente é instável – disse o médico.

– É verdade, o acidente foi tão grave que duvido que ele escape! – lamentou a enfermeira da UTI, com mais de 10 anos de experiência.

– *Paulo... Paulo... Por que me persegues?* – insiste a voz, cada vez mais poderosa.

– Qual o nome do paciente? – pergunta um dos médicos que estavam de plantão naquele dia.

– Seu nome é Paulo! – disse a enfermeira.

– Como sabem? – pergunta o médico que o avaliou no pronto socorro.

– Uma jovem, aparentemente a noiva do rapaz, foi chamada para dar entrada com a papelada toda, assim que o acidente ocorreu. Ao que parece, o rapaz portava uma pequena agenda contendo vários telefones de conhecidos seus. Não foi difícil localizar alguém próximo dele – responde a escriturária.

– Acha que seria bom deixarmos a moça subir pra ver o rapaz? – pergunta a enfermeira.

Claro – responde o médico. – Sendo sua noiva, é bom que ela venha se despedir do moço, pois não creio que ele escape desta. As condições dele não são das melhores.

Todos na UTI se entreolharam aparentemente preocupados com a reação da moça. Ainda temerosa, a enfermeira desceu o corredor até a sala de espera dos familiares e encontrou a noiva do rapaz, Helena – uma moça linda, com longos cabelos loiros e olhos azuis – sentada, apreensiva e assustada – esperando alguma notícia dos médicos.

– *Paulo... Paulo... Por que me persegues?* – asseverou a voz!

Paulo não conseguia entender nada. Ainda há pouco se lembrava de estar dirigindo seu carro, um Land Rover novo em folha, pela avenida movimentada da grande cidade de Damasco, quando, de repente... E agora aquela voz na sua cabeça. Não conseguia compreender o que se passava com ele – nem mesmo fazia ideia de estar deitado em um leito de UTI em estado crítico entre a vida e a morte. Estava por demais abalado para poder raciocinar direito. Como poderia ele, um jovem pastor de uma das igrejas mais poderosas e respeitadas da região, estar ali se sabe lá onde ouvindo uma voz "estranha" a ele em sua cabeça. Todos seus amigos de seminário diriam que ele ficou louco. O que mais deixava o jovem pastor confuso é que essa voz era ao mesmo tempo autoritária e doce. Uma mescla de firmeza e brandura como jamais sentira antes. Nem mesmo em seus anos de seminário, onde se destacou dentre seus colegas, ele conseguiu encontrar tamanha autoridade no falar vinda de homem algum. Seria possível que não fosse um simples homem lhe chamando? Confuso e meneando a cabeça, ele procurou afastar tais pensamentos de sua cabeça, mas quanto mais queria não pensar, mais essa sensação de firmeza e brandura lhe incomodava. Lá estava ele, um pastor brilhante com um futuro todo pela frente e agora nem mesmo sabia onde estava nem o que estava acontecendo. Exceto pela voz, não conseguia sentir mais nada. Foi aí que percebeu que não sentia nem mesmo seu próprio corpo também. Um medo começou a dominar-lhe enquanto procurava entender o que poderia estar acontecendo.

Novamente a voz lhe foi dirigida, porém agora Paulo sentiu uma autoridade maior, como nunca sentira antes, vindo daquela voz. Meio acanhado e confuso, ele responde ao chamado da voz.

– *Paulo... Paulo... Por que me persegues?* – indaga-lhe a voz.

– Quem és tu Senhor? – pergunta Paulo.

– *EU SOU JESUS, a quem tu persegues!*

Um medo incontrolável toma conta do jovem pastor Paulo, que começa a chorar e soluçar compulsivamente...

Capítulo 2

Lembranças de um grande futuro

– Mas Espere! Estou me apressando demais. Preciso retornar no tempo um pouco para que você me entenda melhor! Perdoe-me, posso tentar mais uma vez?

Três meses atrás...

A grande cidade de Damasco era uma grande metrópole – das mais famosas de toda a região. Era um lugar agradável para se viver. Uma cidade muito famosa por sua hospitalidade e progresso científico-tecnológico. Uma grande exportadora de tecnologia para as demais cidades circunvizinhas. Nessa cidade opulenta, encontrava-se a glória da cidade, a grande e poderosa igreja cristã Nova Vida. Uma igreja muito rica que dispunha de mais de cinco mil membros e duzentos missionários espalhados pelo mundo. A Igreja Nova Vida era dirigida pelo respeitado Dr. Carlos Andrada, um pastor de meia idade, um homem de feições forte, sempre bem trajado com seu terno italiano, sua camisa de punho duplo e sua gravata de seda. Uma combinação impecável ostentava o ego desse pastor-presidente. O Dr. Andrada era também o responsável pelo seminário mais cogitado e procurado pelos jovens aspirantes ao ministério pastoral da região, o seminário bíblico Palavra e Fé.

Em seu gabinete presidencial, o Dr. Andrada analisava, entusiasmado, as credenciais de sua recém-descoberta e promessa de um futuro brilhante: o jovem pastor Paulo.

Paulo era um pastor vindo do interior, da maravilhosa e famosa cidade de Tarso. Um jovem de 26 anos de idade, de estatura mediana, cabelos e olhos castanhos escuros e boa presença. Tendo se matriculado no curso teológico do seminário Palavra e Fé, obteve as maiores notas, destacando-se entre todos os demais alunos por sua ótima técnica de oratória e por ter demonstrado uma capacidade racional e analítica impressionante. Sozinho, ele mostrou ter grandes conhecimentos das Escrituras Sagradas, o que impressionou até mesmo seus professores, que o elogiavam – para glória de seu ego – diante do reitor, o Dr. Andrada. Paulo era também noivo de uma moça de posição social privilegiada na sociedade, Helena, a filha do professor Dr. Marcos Tavares, professor emérito do seminário e também braço direito do Dr. Andrada. Dr. Tavares era um senhor alto, de postura elegante, com seus cabelos grisalhos e sempre bem vestido com seu terno alemão e gravatas de seda.

– Esse rapaz é realmente impressionante, Tavares! – exclamou o reitor.

Meio cheio de si por sua posição privilegiada e invejada pelos demais professores, o Dr. Tavares lança um meneio de cabeça como que concordando. – É verdade, o rapaz tem futuro!

– É de alguém assim que precisamos para liderar nossa maior campanha que mobilizará toda a cidade! – exclamou o Dr. Andrada, cada vez mais eufórico.

Era do conhecimento de poucos – apenas dos mais íntimos – os projetos que o Dr. Carlos Andrada vinha arquitetando há algum tempo. Planos de construir, no centro da grande Damasco, a maior catedral em honra aos mártires e profetas do passado que derramaram seu sangue pela causa do evangelho. Era um plano ambicioso, verdade – muitos o haviam já alertado que isso poderia atrair a reprovação da maior parte da comunidade cristã, não só local como nacional. Mas, o que importava? Esse seria um projeto audacioso que deixaria o nome do Dr. Andrada perpetuado na história da cidade como "o homem que trouxe a memória dos pioneiros da fé e trouxe a glória de Deus novamente à cidade!"

– Como faremos para convencer esse homem? – perguntou o Dr. Andrada.

– Isso eu posso cuidar – retrucou Tavares. – Ele é noivo de minha filha, Helena. Conheço o rapaz e sei quanto é obstinado quando persegue uma causa. Creio que será difícil convencê-lo, mas darei um jeito nisso, eu prometo – afirmou o assistente enquanto demonstrava um sorriso sarcástico.

– Eu quero esse homem do nosso lado, Tavares. Entendeu? Não importa os métodos que você use, eu o quero! – asseverou Dr. Andrada.

– Sim, claro! É claro que entendi meu amigo – responde um temeroso Tavares. – Mas, e se ele se recusar a cooperar conosco?

Dr. Andrada agarrou-se em sua mesa forçando tanto que os nós dos dedos já ficavam brancos. Olhou friamente para seu assistente de muitos anos e lhe respondeu – era possível sentir a tensão que se criara em torno da conversa:

– Não lhe dei uma escolha, pois ele precisa aceitar! Não vejo outro homem com um perfil mais ideal para liderar minha campanha. Não tenho mais a idade necessária para esse empreendimento – suspirou Andrada, um tanto frustrado com o tempo. Terminada a reunião, Dr. Tavares dirige-se a seu escritório no enorme prédio do seminário, deixando Andrada sozinho, pensativo e sonhador.

◆

– Não acredito que você vai recusar esta oferta, Paulo! – exclamou a jovem Helena indignada.

– E por que deveria aceitar? – responde Paulo na defensiva.

– Ora, por quê? Essa é a grande chance de sua vida, já parou pra pensar? Imagina só quantos pastores não dariam tudo o que tem para apenas pregar na Igreja Nova Vida! – disse-lhe Helena. – E você recusa uma oportunidade do próprio Dr. Carlos Andrada de liderar a construção e pastorear o rebanho desse novo grande templo?

Era verdade. Tudo aquilo que Helena dizia era verdade. Era certo que todos os maiores pastores e pregadores sonhavam em ter em seu currículo ministerial uma oportunidade na "grande" Igreja Nova Vida do Dr. Carlos Andrada. A maior e mais poderosa instituição religiosa de toda a região. No entanto, Paulo sentia-se apreensivo e despreparado para tal oportunidade. Verdade é que ele vinha se destacando desde os tempos de seminário por meio de sua pregação e conhecimentos das Escrituras, mas liderar um rebanho tão numeroso uma vez que havia tantos "homens de Deus" mais preparados e mais experientes do que um jovem de apenas 26 anos que acabara de se formar num seminário teológico!

– Creio que devo repensar essa oferta, não é mesmo? – pergunta Paulo, tímida e pensativamente.

– Mas é claro! – responde uma Helena animada pela grande chance que batia as portas de seu noivo. – Imagine só, a esposa do pastor dirigente da megaigreja Nova Vida! Não seria demais?

– Calma, não vamos nos precipitar tanto assim, você está animada demais. Esta é uma grande responsabilidade, não é um parque de diversões – retruca o pastor.

Nesse momento, adentra na sala o Dr. Tavares que estivera escutando toda a conversa de outro cômodo de sua casa.

– Espero que já tenha tomado sua decisão, meu jovem. Oportunidades como estas não batem duas vezes na mesma porta – cutucou o Dr. Tavares.

– Prometo pensar com zelo e carinho na proposta, Sr. Marcos – responde Paulo, sentindo-se um pouco pressionado.

O semblante do Dr. Tavares ficou um pouco carregado. Não queria ter de pressionar seu futuro genro, afinal de contas, gostava do rapaz. Era um bom partido para sua filha, como poucos. Tinha uma excelente educação, vinha de uma região respeitosa, era um homem trabalhador, além de um grande "servo de Deus".

– Estarei à espera de sua resposta rapaz, mas aceite meu conselho, Paulo – suspirou profundamente e continuou com visível preocupação quanto a essa questão. – Não deixe o Andrada esperando muito, ele gostou mesmo de seu currículo e está disposto a investir pesado em seu futuro. Ele sabe que você tem talento e um futuro promissor.

Ambos, Paulo e Dr. Tavares, encararam-se por um tempo e então se cumprimentaram respeitosamente antes de encerrarem, por ora, essa conversa. Paulo desabou pesado no sofá, semblante caído e tenso. Não queria decepcionar aqueles que depositaram tanta confiança nele, porém algo o vinha incomodando há muito tempo. Uma incerteza quanto a ser essa mesmo ou não a vontade de Deus para sua vida. Sacudindo a cabeça um pouco, abandonou esses pensamentos e voltou a atenção a sua noiva novamente.

♦

As construções do grande templo haviam se iniciado e estavam a todo o vapor. Dr. Andrada olhava da janela de seu luxuoso apartamento, entusiasmado com o andamento da obra. Muito dinheiro estava sendo investido nesse empreendimento, dinheiro de seu próprio rebanho. O governo já vinha investigando a vida do pastor e de sua igreja há um bom tempo e, por conta disso, os melhores advogados estavam à disposição do Dr. Andrada. Não era raro o próprio Andrada supervisionar as obras que encabeçava, pois era formado em arquitetura e amava se envolver com grandes obras. Alguns de seus amigos mais chegados por vezes o haviam questionado se era realmente necessário investir tanto tempo e dinheiro em templos luxuosos.

Mas o pastor-presidente era por demais obstinado e não se importava de usar o dinheiro dos membros congregados contanto que pudesse satisfazer seus próprios caprichos. Enquanto supervisionava as construções, ele via-se quando jovem na pessoa de Paulo. Lembrava-se de todo vigor e força que tinha na mesma idade do jovem. Como eram parecidos! Nisso o pastor mais velho se orgulhava do rapaz, e quanto mais pensava no rapaz mais ficava animado e ansioso por ver toda a força da juventude de Paulo na liderança da Igreja Nova Vida.

Uma leve batida na porta tira o Dr. Andrada de seus pensamentos. Ao abrir-se a porta, um servente conduz o pastor a seu luxuoso carro em direção à sede da Igreja Nova Vida.

◆

O povo começava a se aglomerar, os bancos todos estavam ocupados, e a música suave trazia um clima agradável de reverência ao ambiente. Esse era um típico culto religioso na Igreja Nova Vida, o prenúncio de algo grandioso que estava para acontecer pairava no ar. A atual sede da Igreja Nova Vida era um templo magnífico. Com capacidade para comportar seus cinco mil membros, era um lugar que impressionava qualquer um. Com colunas de mármore polido, seus bancos estofados para o povo se acomodar, seus arranjos ornamentais por toda extensão do grande pátio central, seus grandes muros talhados com pedras polidas, suas cortinas de seda por toda dimensão do altar, enfim, um lugar realmente impressionante.

O grupo de louvor preparava-se para entoar os cânticos conduzindo o povo todo à adoração a Deus. Paulo encontrava-se sentado na tribuna ao lado de todos os anciãos da igreja. Pastores que tinham mais tempo de ministério do que ele próprio de idade. Sentiu-se um pouco constrangido com isso, porém foi um pedido do próprio Carlos Andrada. Não imaginava o que estava por acontecer.

A atmosfera do ambiente ficou carregada de uma estática por causa dos cânticos entoados pelo povo. Era esse um momento sem par, com certeza, o melhor coral da região era o da Igreja Nova Vida.

De repente, Paulo sente uma mão tocando-lhe o ombro, mal podia acreditar. – Quando foi que ele apareceu por aqui? – pensou o rapaz. O próprio pastor-presidente lhe sorri amigavelmente e lhe confidencia aos ouvidos.

– Prepare-se, hoje é seu grande dia!

Um calor lhe subiu pela garganta ao mesmo tempo em que sentiu um gelo na espinha. Realmente não era esse o lugar em que ele gostaria de estar naquela hora. Terminada a "apresentação" do grupo de louvor, a direção do trabalho foi passada para o Dr. Carlos Andrada, que estava nitidamente animado, como se soubesse de algo maravilhoso. Começou, então, a falar eloquentemente.

– Amados irmãos e irmãs, a Paz esteja com todos nesta noite!

Um estrondoso "Amém" fez-se ecoar por todo o templo, enquanto o pastor continuava a se pronunciar.

– Como é do conhecimento de toda a amada congregação, estou empenhado, juntamente com todo o grupo de obreiros, numa grande obra: a construção de um complexo que abrigará mais de quinze mil pessoas! – o povo vibrava conforme o velho pastor ia se pronunciando entusiasticamente. – Esse novo templo será a glória da grande Damasco, será algo realmente fabuloso e monumental. Jamais se viu ou imaginou uma obra mais fantástica do que essa! Para isso, conto com a sempre liberal e bem-vinda contribuição de vocês, oh, meu povo!

Paulo estava tenso e preocupado, pois não imaginava o que as últimas palavras do Dr. Andrada dirigidas a ele poderiam significar. Tentava concentrar-se no desenrolar da reunião, porém constantemente se pegava divagando sobre tais palavras. Foi então que algo lhe chamou a atenção. O povo estava com os olhos fitos no pastor Andrada enquanto este demonstrava uma autoridade que cativava o povo.

– Não posso deixar de mencionar – continuou o Dr. Andrada – que este novo megatemplo será uma obra em honra e memória dos grandes servos de Deus do passado, homens e mulheres que derramaram seu sangue por causa do evangelho. Profetas e apóstolos de Deus, sem mencionar os grandes pioneiros que junto comigo chegaram até nossa amada cidade de Damasco proclamando o evangelho de Jesus Cristo.

Andrada então mostrou o motivo de toda sua animosidade aparente.

– Para tal empreitada, que trará de volta a glória de Deus até nós, convoquei um homem que me representará no *front* de batalha. Esse homem é um grande expoente da causa da Igreja Nova Vida, um homem que tem um verdadeiro talento, carisma, personalidade e presença pessoal. Não poderia haver escolha melhor para o cargo de pastor titular do novo templo que será a sede de nossa igreja e grande orgulho para a cidade.

– Boa armadilha! – pensou Paulo. – Como recusaria o convite diante de toda a congregação, sob o risco de ser desmoralizado diante de uma multidão?

Na primeira fileira de bancos estava Helena, que lhe lançava um sorriso radiante por causa de tão grande oportunidade que, agora, mais do que nunca sabia que Paulo não recusaria. Não poderia recusar, era a sua maior chance. A chance de ambos serem as personalidades religiosas mais respeitadas e conhecidas de toda a cidade. Não! De todo o país!

– Sem perder mais tempo, gostaria de lhes apresentar o homem que será seu novo pastor titular. Recebam com palmas o pastor Paulo!

O povo foi ao delírio ao ver seu novo expoente em relação à igreja. Era este seu novo referencial de cristão. Um misto de admiração e murmúrios de desaprovação vinha de toda parte, desde o púlpito à nave da igreja. Por que Dr. Andrada escolheu alguém tão jovem para representá-lo? Não havia homens melhores e mais experientes junto dele desde o princípio da Igreja Nova Vida? – assim pensava a maioria do povo.

Andrada abraçou Paulo aproximando-se de seus ouvidos e lhe confidenciando algumas palavras.

– O que me diz agora? Irá aceitar o cargo ou será que vai deixar este povo desapontado? A escolha é sua mas saiba: Ninguém jamais me contraria, meu jovem! – Paulo estava atônito. Não sabia o que dizer. E o que mais poderia? Estava paralisado de medo. Baixando sua cabeça em sinal de descontentamento, acaba aceitando o cargo. Gritos e aplausos explodiam por todo o interior da igreja. O novo pastor foi nomeado.

Capítulo 3

Tem início a oposição

Duas semanas se passaram desde que Paulo se tornara o novo pastor titular da poderosa Igreja Nova Vida. Tudo transcorria muito bem. Em seu novo gabinete pastoral, com amplas janelas que davam vista a um jardim espetacular, mesa de mogno e cadeira presidencial, Paulo já começava a acostumar-se com toda aquela mordomia que só um pastor-presidente poderia receber. Não era para tanto, não fora ele o aluno que mais se destacou no seminário, que mais trabalhou durante anos pela causa da igreja? Achava que era o mínimo que poderia receber por tantos anos de entrega da própria vida ao ministério. Se ele ao menos pudesse imaginar quão distante estava ficando do real sentido do evangelho! Mas o poder era tanto que lhe ofuscava a visão; começou a se perder. Enquanto analisava alguns documentos importantes sobre a construção do novo templo, sua concentração foi quebrada pelo toque inesperado do telefone. Era Helena sua noiva.

– Paulo, tudo bem, amor? – pergunta timidamente a moça.

– Sim, estou! – responde friamente o noivo. – Um pouco cansado, mas estou bem sim, e você?

– Bem também. E então, você virá me visitar esta noite? – pergunta Helena.

Era nítido no semblante do jovem pastor o seu descontentamento. A verdade era que o relacionamento dos dois já não era mais como antes. Já não havia mais, da parte de Paulo, o mesmo ânimo em manter o noivado. Afinal, agora era um homem importante e ocupado demais para perder tempo com um relacionamento fútil. Helena era uma linda moça, porém, muito apegada a coisas supérfluas e materiais da vida. Como cristã filha de pastor, não era o melhor exemplo para as demais jovens de sua idade, e isso foi fazendo o encanto do início do namoro se perder.

– Não! Pretendo ficar até mais tarde no escritório – responde Paulo de forma muito ríspida. – Ainda há muitas questões que requerem minha atenção e não posso abandoná-las assim.

– Puxa! Desde que você assumiu esse cargo de pastor titular você não tem tido mais tempo para mim! Será que você ainda não percebeu? – pergunta uma Helena indignada e ao mesmo tempo frustrada com seu noivo.

Ela jamais imaginou que seria rejeitada pelo homem que amava. Pensava que, dali em diante, ambos seriam o casal mais respeitado e invejado pelos demais cristãos da igreja. Isso era a vida da moça.

– Sinto muito, tenho muitas coisas para resolver – responde Paulo. – Não posso ficar perdendo meu tempo com bobagens. Outro dia conversamos melhor sobre isso.

Desligando o telefone de forma abrupta, para choque e revolta da moça, Paulo, já irritado, volta-se novamente ao trabalho pensando unicamente no futuro brilhante que estava bem diante de seus olhos, a apenas alguns metros – o novo templo em construção.

♦

A comunidade cristã da cidade de Damasco em sua minoria estava começando a se revoltar contra o líder máximo da Igreja Nova Vida: Dr. Carlos Andrada. Era do conhecimento de muitos que o pastor usava o dinheiro de seus fiéis para seu empreendimento. Havia aqueles que concordavam com tal prática ilícita de seu líder, mas uma minoria achava isso um absurdo, isto é, usar este dinheiro – que poderia ser mais bem revertido na ajuda aos mais necessitados – para ostentar o orgulho e a ganância de líderes religiosos inescrupulosos. Muitas famílias dos membros da igreja eram pessoas carentes e necessitadas, obrigadas a contribuir com essa obra com a desculpa de obter as bênçãos de Deus. Os pastores e pregadores da Igreja Nova Vida eram instruídos pelo próprio Andrada a fim de forçar o povo a contribuir para a construção do templo. Havia metas a serem cumpridas, com respeito à arrecadação de dinheiro, repassadas mensalmente aos pastores das igrejas locais de toda Damasco.

Alguns líderes de igrejas locais começavam a reunir os membros de maior confiança para discutirem um meio de se levantar contra a corrupção que, vagarosamente, havia se instalado na igreja. Entre os líderes que estavam descontentes, o que mais se destacava era o pastor Tiago, um dos líderes locais de maior confiança do Dr. Andrada. Tiago era o pastor de uma das maiores congregações da Igreja Nova Vida. Era também um dos homens de maior confiança e respeito em toda comunidade cristã local, um homem justo e íntegro. Tiago era de estatura média, magro, cabelos e barba sempre bem aparados, um homem de muito boa presença, com seus 30 anos de idade. Esses eram verdadeiros homens de Deus que amavam a Bíblia e queriam a verdade do evangelho novamente pregada em sua Igreja. Queriam a verdadeira glória de Deus demonstrada no amor ao próximo, não com megatemplos. Tiago e os demais irmãos, descontentes como estavam, reuniam-se procurando um meio de combater as heresias que eram disseminadas no meio da igreja.

As reuniões eram sempre realizadas na casa do pastor Barnabé, um homem justo e piedoso, alguém que sempre se dispunha a ajudar o próximo. O pastor Barnabé era já um senhor de idade, porém dispunha ainda de muita força e vigor, como nos tempos de sua mocidade como simples obreiro da igreja.

– Precisamos agir rápido – comenta Tiago – antes que as ambições desmedidas de Andrada acabem manchando a imagem da Igreja.

– Não será fácil – retruca um jovem sentado próximo ao velho Barnabé. – O Dr. Andrada conta com aprovação da maioria do povo que o ama.

– Sabemos disso – retruca Barnabé, enquanto coloca sua mão sobre o ombro do jovem. – Mas não podemos também nos conformar com a corrupção.

Um silêncio profundo se fez na reunião. A preocupação e o zelo desses cristãos eram notórios. Todos já começavam a se entreolhar constrangidos, mas precisavam tomar muito cuidado com as palavras, pois havia sempre a possibilidade de ter algum curioso mal-intencionado nessas reuniões secretas.

Uma mulher rompe o inesperado silêncio que se havia feito com uma pergunta perturbadora.

– Os senhores sabem que podemos acabar expulsos da igreja sob a acusação de sermos hereges sem causa? Que estávamos lutando contra o "ungido de Deus"?

Todos se entreolharam por um instante enquanto um novo silêncio se fez perceber.

– É um risco que precisamos correr pelo bem do evangelho! – Tiago quebra o silêncio com essa afirmação.

– Mas então, o que devemos fazer? – pergunta o diácono Estevão, um dos mais respeitados obreiros da congregação de Tiago, um jovem cheio de fé e do Espírito Santo. – Qual sua sugestão, pastor Tiago?

– Sabemos que os pregadores e pastores de nossa amada igreja, em sua maioria, têm se afastado, e muito, do evangelho genuíno. Eu mesmo já cheguei a apoiá-los em suas campanhas que visavam mais ao benefício próprio, mais à glória dos homens do que à glória de Deus. Mas isso é passado, não quero continuar fugindo de minha responsabilidade como pastor, que é zelar pelo rebanho de Cristo, ensinando-lhes apenas a verdade do evangelho. Deus tem falado muito ao meu coração pela sua palavra. As Escrituras declaram: *"Pois decidi nada saber entre vocês, a não ser Jesus Cristo, e este, crucificado* (2 Coríntios 2.2 NVI)". Esta é a atitude que desejo tomar daqui pra frente!

Todos os presentes foram unânimes em concordar que Tiago estava certo. Era certo que os pastores estavam pregando mensagens que promoviam mais a si próprios do que a Jesus Cristo. Tudo isso por causa de fama e *status* social.

Com uma paixão ardente em sua voz e carregado de emoção, Tiago continuava a falar – era notório seu zelo para com a verdade.

– Conheço bem os perigos a que iremos nos expor, mas prefiro que venhamos a correr tais perigos em nome da causa de Cristo do que continuar apoiando a mentira e o erro dentro da igreja. Isso tem que acabar! Enquanto for o pastor local, assumirei uma nova postura nos púlpitos, e daqui para frente apenas pregarei mensagens que proclamem a glória e a supremacia de Cristo Jesus, não me importando se o povo, em si, irá gostar ou não!

Todos procuravam demonstrar sua simpatia com o posicionamento, um tanto audacioso, de seu pastor. Mas no fundo sabiam que isso não agradaria muito o Dr. Carlos Andrada, pois sem esses artifícios nos púlpitos o povo abriria os olhos e pararia de contribuir com a obra do templo. Sem as "ditas" promessas de riquezas mediante as contribuições, o povo perderia o ânimo em contribuir, e isso seria um golpe fatal na ambição do Dr. Andrada.

A reunião estava um tanto tensa. Ao todo umas vinte pessoas se reuniam no local. Finalmente, Tiago encerra a reunião com uma oração de ação de graças e despede-se dos demais irmãos, cada qual indo para suas casas prometendo se encontrar na semana seguinte.

◆

Em sua nova mansão, completa com piscina, quartos de hóspedes, sala de estar, jardins ornamentados, cercados com pinheiros, amplos terraços com varanda, garagem para acomodar seu novo Land Rover, Paulo descansava desfrutando de tudo o que um pastor-presidente poderia desejar.

O celular do jovem toca. Era o assessor direto do Dr. Andrada quem ligava.

– Paulo falando! – atende o jovem.

– Pastor Paulo, como está? Estou ligando porque o Dr. Andrada solicita sua presença para uma reunião nesta noite, às 20 horas, para vocês resolverem algumas questões administrativas sobre a inauguração do templo – comunica o assessor.

Um pouco apreensivo, Paulo confirma sua presença na reunião, enquanto tomava uma xícara de chá gelado e lia o jornal do dia. As notícias do jornal não eram muito favoráveis para a Igreja. Denúncias anônimas começavam a surgir na mídia por parte de algumas pessoas revoltadas com a corrupção da Igreja Nova Vida. Desvio e lavagem de dinheiro, corrupção, abusos de poder da parte de certos líderes da igreja – essas eram algumas das denúncias levantadas pelo povo. Isso revoltava a alta cúpula da Igreja Nova Vida, por isso Paulo já imaginava que esse seria um assunto a ser colocado em pauta na reunião. Resolveu que era hora de agir, precisava solapar essa rebelião enquanto ainda estava apenas começando. Caso repercutisse muito, isso implicaria problemas sérios para sua recém-iniciada administração.

Enquanto estava perdido em seus pensamentos, o celular de Paulo toca novamente, uma ligação anônima, sem identificação. Por um instante pensou em não atender, porém reconsidera a questão pensando se tratar de algum assunto relacionado ao novo templo.

Ao atender, uma voz desconhecida começa a sussurrar uma informação surpreendente e inesperada, de tal modo que Paulo ficou sem palavras, apenas escutando o que a voz tinha a lhe dizer.

♦

Tiago pôs-se a orar em seu quarto. Não sabia o porquê, mas sentia-se angustiado e preocupado com o rumo que as coisas estavam tomando. Sabia que a qualquer momento os homens de Andrada poderiam descobrir sobre as reuniões na casa de Barnabé e dos demais irmãos. Também tinha ciência de que nem todos os que frequentavam as reuniões eram pessoas de confiança, pois sabia que alguns vinham apenas para colocar seus descontentamentos quanto à Igreja em xeque. Outros eram indiferentes aos problemas e vinham apenas por conveniência política, na busca por algum reconhecimento. Outros, ainda, vinham apenas porque não eram simpáticos ao líder, Carlos Andrada. Eram poucos os que realmente tinham algum compromisso com a causa de Cristo Jesus, que defendiam a verdade do evangelho.

O sol estava quase se pondo. E quanto mais orava mais angustiado Tiago ficava, pois, como líder de uma grande congregação da Igreja Nova Vida, sentia o peso de todas as almas que estavam sendo enganadas por causa de falsos mestres que buscavam fama e promoção, comercializando o evangelho para beneficiar a ambição sem limites do poderoso líder da igreja.

Ao findar seu período diário de oração, Tiago levanta-se com a certeza de que dias difíceis estavam as portas, mas confortava seu coração quando meditava nas palavras de Jesus: *"Bem-aventurados serão vocês quando, por minha causa, os insultarem, os perseguirem e levantarem todo tipo de calúnia contra vocês. Alegrem-se e regozijem-se, porque grande é a sua recompensa nos céus, pois da mesma forma perseguiram os profetas que viveram antes de vocês"* (S. Mateus 5.11,12 NVI).

– *Lembrem-se das palavras que eu lhes disse: Nenhum escravo é maior do que o seu senhor. Se me perseguiram, também perseguirão vocês. Se obedeceram à minha palavra, também obedecerão a de vocês* (S. João 15.20 NVI).

Os olhos do pastor lacrimejavam à medida que lia e meditava nas passagens das Escrituras que o Espírito Santo lhe iluminava na mente. Tal foi sua emoção que nem mesmo percebeu o quanto as horas haviam se avançado. Olhou para o relógio em cima de sua cômoda e percebeu que já eram quase 20 horas.

♦

Paulo estava atônito. Não era possível que algo assim pudesse ser verdade. Quanto mais pensava menos gostaria de acreditar.

– Só pode ser um trote! – resmungou alto o pastor. – É isso mesmo, um trote, é o que isso é. Não é possível que Tiago fosse capaz de algo assim! Não, ele não!

A ligação anônima havia acusado Tiago de ser o mandante de uma revolta contra a Igreja Nova Vida. Acusava-o de ser um herege, pregar contra os costumes da igreja e conspirar contra o Dr. Andrada para tomar o poder, sendo ele o novo presidente da igreja. Paulo não podia acreditar nisso. Ainda mais vindo de Tiago pois, apesar de não o conhecer pessoalmente, já ouvira falar muito bem dele, sendo alguém muito respeitado na comunidade cristã local como alguém íntegro e justo. Alguém que buscava diligentemente pela verdade. Como poderia ele, alguém que o próprio Paulo respeitava demais, ser o mandante de algo tão sujo!

Com seu terno francês, gravata de cetim e sapatos de couro italiano, dirige-se para a casa do Dr. Andrada, onde seria realizada a reunião com os demais membros da alta cúpula da igreja.

♦

O Land Rover estacionou em frente à entrada da casa do Dr. Andrada. A noite já havia caído. Uma lua cheia brilhante iluminava os jardins suntuosos da grande mansão do pastor-presidente. Um segurança aproximou-se do Land Rover e pediu que o motorista se identificasse. Paulo entregou sua identificação para, logo em seguida, ser conduzido até a entrada da mansão. Alguns outros carros estavam estacionados em frente à mansão, indicando que outros membros do conselho pastoral da Igreja Nova Vida, e também homens de confiança do Dr. Andrada, já haviam chegado e aguardavam o jovem pastor para dar início à reunião.

Os dois homens atravessaram o grande corredor, enfeitados com candelabros dourados, quadros famosos e mobílias francesas, em direção à sala de reuniões.

Uma porta pesada foi aberta e o convidado foi anunciado. Dentro da sala estavam reunidos, em torno de uma mesa, os membros do conselho da Igreja Nova Vida e o Dr. Andrada no meio deles exibindo um largo sorriso. Era visível o descontentamento no rosto de alguns dos homens sentados à mesa. Paulo dirigiu-se à mesa acomodando-se no único lugar vago, que era ao lado do próprio Carlos Andrada. Todos se entreolharam em silêncio por um instante, o que para Paulo pareceu uma eternidade.

Tem início a oposição

Depois desse momento de tensão, o Dr. Andrada rompeu o silêncio começando a se pronunciar e mostrar qual o motivo daquela reunião tão repentina.

– Talvez, alguns de vocês estejam curiosos pelo motivo que me fez convocá-los até minha casa para esta reunião tão urgente, não estou certo? – indaga o Dr. Andrada.

Todos assentiram com a cabeça em sinal de concordância. O ambiente estava tenso e carregado, e todos estavam apreensivos olhando fixamente para o Dr. Andrada.

O velho pastor sorriu sarcasticamente enquanto se deliciava com a expressão desconcertante de todos os presentes. Mesmo o Dr. Tavares, pai de Helena e braço direito do pastor, não fazia ideia do que estava acontecendo.

– Seria sobre a construção do novo templo? – um dos membros de mais idade ousou perguntar.

– Não, meu amigo! – responde Andrada. – É sobre algo realmente sério. Algo que vem me atormentando há um bom tempo.

– Seria possível? – pensa Paulo. – Seria possível que Andrada já estava sabendo da suposta traição de Tiago?

Um dos membros do conselho, tomando a iniciativa pelo grupo, pede que Andrada revele, então, o que o atormentava a ponto de convocar todo o conselho ministerial àquela hora da noite.

◆

A pequena congregação já estava quase que lotada. Era sempre assim quando o pastor Tiago era convidado para ministrar a palavra. A convite de Barnabé, Tiago estava já preparado para se posicionar por detrás do púlpito da pequena e humilde congregação da Igreja Nova Vida, quando uma emoção muito forte tomou conta dele, que precisou mesmo fazê-lo conter as lágrimas. Lá estava uma parte do rebanho de quem se sentia responsável por tantos anos de engano, por causa de um evangelho vazio e sem sentido, um evangelho de barganhas e facilidades. Todos olhavam atônitos para o pastor, pois sua emoção era perceptível a toda congregação.

Quando a oportunidade estava com Tiago, este cumprimentou a congregação que o recebeu calorosamente. Não era à toa. Tiago era um dos melhores expositores bíblicos de que a igreja dispunha. Um homem de profundo conhecimento e sabedoria.

– Boa noite, igreja, graça e paz! – cumprimentou-os Tiago.

– Amém! – respondeu a congregação em uníssono.

Tiago abriu a sua grande Bíblia e começou a folheá-la até o texto demarcado para a ministração da noite.

– Esta noite gostaria de meditar em um texto bíblico, junto com a amada igreja. Este texto tem falado muito ao meu coração nos últimos dias e gostaria de, nesta noite, lhes expor o que Deus tem me ministrado. Apocalipse capítulo 2 versículos de 8 a 11.

O povo se dispõe a procurar o texto informado pelo pastor, ansiando pelo que haveria de vir da pregação.

– Se todos acharam – prossegue Tiago –, vamos à leitura das Escrituras.

8. "Ao anjo da igreja em Esmirna escreva: "Estas são as palavras daquele que é o Primeiro e o Último, que morreu e tornou a viver. 9. Conheço as suas aflições e a sua pobreza; mas você é rico! Conheço a blasfêmia dos que se dizem judeus, mas não são, sendo antes sinagoga de Satanás. 10. Não tenha medo do que você está prestes a sofrer. O Diabo lançará alguns de vocês na prisão para prová-los, e vocês sofrerão perseguição durante dez dias. Seja fiel até a morte, e eu lhe darei a coroa da vida. 11. Aquele que tem ouvidos ouça o que o Espírito diz às igrejas. O vencedor de modo algum sofrerá a segunda morte (NVI).

– Amém! Só até aqui irmãos! – Tiago levantou os olhos tendo sobre si uma multidão de olhares com expressão de curiosidade e indagação no semblante.

Este não era o tipo de texto muito comum para se expor nas igrejas do Dr. Andrada. O povo começava a se inquietar com a leitura e pensava sobre o que o pastor Tiago iria lhes pregar naquela noite, precisamente às 20h30.

Tiago dirigia-se à igreja com uma ousadia capaz de captar a atenção de qualquer um no local.

– Durante muito tempo tenho fugido do chamado de Deus em minha vida, mas hoje percebo quão cego vinha sendo – começa Tiago. – Há 15 anos tenho servido a Deus e procurado, da melhor forma possível, ser um exemplo de cristão, não só para a igreja como também para o mundo. O que eu não enxergava é que, por mais zeloso que procurasse ser, estava na verdade querendo obter o favor de Deus por meio de meu esforço pessoal. Isso não é o verdadeiro evangelho de Jesus Cristo, aquele que é baseado na fé.

A atenção de todos redobrou, pois esse não era o estilo convencional de Tiago. A igreja estava mais acostumada com mensagens motivacionais, de autoajuda, que colocavam o homem como alguém autossuficiente. Ninguém via também, naquele dia, o costumeiro apelo dos pastores para ofertarem em troca de riquezas materiais, bens e posses, nenhuma palavra de vitória, ao contrário, a velha e quase esquecida vergonha da cruz estava sendo anunciada.

– As Escrituras nos dizem: *"Pois vocês são salvos pela graça, por meio da fé, e isto não vem de vocês, é dom de Deus; não por obras, para que ninguém se glorie"* (Efésios 2.8,9NVI).

– O motivo pelo qual escolhi o texto de Apocalipse para meditar com os irmãos nesta noite é que vejo um retrato bem nítido da condição de nossa igreja atualmente! – diz um Tiago cauteloso. – Neste texto, o próprio Jesus encoraja sua amada Noiva, a igreja de Esmirna, contra as provações que ela teria que passar por amor do evangelho. Dentro da própria igreja, havia aqueles que eram falsos irmãos, como afirma o versículo 9. E com isso a perseguição apenas se iniciou. Coisas piores ainda viriam àquela igreja, por isso Jesus lhes encoraja com grandes e infalíveis promessas: *"Seja fiel até a morte, e eu lhe darei a coroa da vida"* (versículo 10 NVI). A nossa igreja, assim como em Esmirna, também vem sofrendo ataques de falsos irmãos. Líderes inescrupulosos que querem destruir tudo aquilo pelo que Cristo derramou seu sangue precioso, isto é, conquistar nossa salvação pela fé exclusivamente Nele.

A partir desse momento, a inquietação na igreja começava a crescer e murmúrios de reprovação se faziam ecoar. Lá estava um dos homens de maior confiança do Dr. Andrada pregando uma mensagem ofensiva aos ensinos da Igreja Nova Vida, a saber, o evangelho de Cristo Jesus.

– O Espírito Santo tem me despertado cada vez mais pra essa realidade: dias de perseguição virão em um futuro próximo. Mas quero estar ao lado de Cristo, pregando sua palavra, quando isso acontecer. Sei bem que minhas palavras não estão sendo acolhidas por todos, mas Deus é minha testemunha de que procurarei não mais errar como antes. A partir de agora, pregarei apenas as palavras de Jesus, pois as Escrituras declaram: *"Pois eu decidi nada saber entre vocês, a não ser Jesus Cristo, e este, crucificado"* (1 Coríntios 2.2 NVI). Pouco me importa se serei perseguido por líderes sem escrúpulos e gananciosos que pensam que o objetivo e a vontade de Deus seja a construção desenfreada de templos para ostentação de um ego doentio e arrogante.

Tiago prosseguia cada vez mais empolgado para desgosto da maioria do povo que não queria este tipo de mensagem. Estavam por demais satisfeitos com mensagens que massageassem seus próprios egos. Na verdade, necessitavam de tais pregações, pois não buscavam a Deus, agradecidos por tê-los salvado dos seus pecados, antes barganhavam com Deus em busca de uma vida melhor e mais confortável aqui mesmo neste mundo.

A palavra de Deus diz – trovejou Tiago – *"Se é somente para esta vida que temos esperança em Cristo, somos, de todos os homens, os mais dignos de compaixão"* (1 Coríntios 15.19 NVI).

A mensagem fora, à vista dos homens, um desastre, mas para o Reino de Deus esse foi um grande passo para a obra que Deus tencionava fazer ali na Igreja Nova Vida. Um Tiago de cabeça erguida sai da igreja e se retira para sua casa a fim de orar um pouco.

♦

– Há hereges miseráveis em nosso meio – resmunga um Andrada furioso.

Todos ao redor da mesa espantaram-se, menos Paulo que já sabia de algum boato a respeito.

– Você tem certeza disso, Andrada? – pergunta Tavares.

– Recebi informações confiáveis – prossegue o velho pastor – de um informante que se infiltrou no meio de uma reunião desses hereges. Eles vêm conspirando para me derrubar e conquistar o poder por meio da manipulação em massa do povo.

Todos ficaram horrorizados com essa notícia. Não era possível que algo assim estivesse acontecendo. Os membros do conselho mantinham respeitoso silêncio pela gravidade da situação. A reunião, que já estava tensa, ficou carregada de uma tensão ainda maior.

– Ninguém vai dizer nada? – retruca Andrada, demonstrando toda sua indignação.

Tavares quebra o silêncio da reunião:

– Em que podemos ajudar-lhe, meu amigo? – pergunta o braço direito do Dr. Andrada.

– Essa rebelião, que mal se iniciou, precisa ser detida antes que cause mais problemas para mim! – retruca Andrada.

Paulo observava tudo com muita atenção, pois não queria que se tornasse público que ele estava a par dos problemas, ou isso poderia produzir mais ciúmes com os outros membros do conselho.

– Não permitirei que destruam tudo aquilo que levei anos para construir! Esse novo templo, a Igreja Nova Vida e todos meus demais projetos são a minha vida!

Podia-se sentir toda a raiva emanada do velho homem que, quase sempre se mantinha muito bem controlado.

– É por isso que precisarei de um voluntário que encabece uma investida contra esses malditos hereges! – replica Andrada. – Precisamos acabar com isso logo ou poderemos nos arrepender futuramente.

– E o que o senhor tem em mente, Doutor? – pergunta Paulo.

Andrada lança-lhe um sorriso de satisfação pela pergunta feita por seu mais notório membro de conselho.

– Fico feliz que tenha perguntado, filho – responde Andrada. – Iremos atrás desses hereges, perseguiremos seus líderes e os puniremos como exemplo aos demais para aprenderem a não mais se levantarem contra mim.

– Puni-los? – pergunta Paulo. – Como assim puni-los?

Andrada começou a rodear a mesa, com as mãos nas costas, semblante tenso, pensativo como se estivesse arquitetando algo. Todos o acompanhavam com os olhos esperando para saber onde se encaixariam nos planos do velho pastor.

– Iremos armar uma cilada para cada um dos principais líderes dessa rebelião. Se fizermos isso – prossegue ele – todos os demais desistirão dessa bobagem. Eles verão que todo aquele que se levantar contra Carlos Andrada terá o mesmo fim!

O líder apertou um interruptor acoplado em sua mesa e pediu à sua servente.

– Senhorita Isabela, mande que meus advogados entrem agora – ordena Andrada, transparecendo raiva em seu tom de voz.

– Sim, senhor, Doutor Andrada – replica a servente.

O velho pastor senta-se novamente em sua cadeira, enquanto espera pela entrada de seus advogados. Durante a espera, que pareceu uma eternidade para alguns, ninguém se atreveu a dirigir uma única palavra ao líder, antes esperavam por mais instruções.

O mordomo novamente bateu à porta do gabinete luxuoso e anunciou a entrada dos dois advogados do pastor. A atenção de todos se voltou aos dois advogados, homens muito bem trajados em seus ternos e com pastas nas mãos.

– Senhores, amigos – recomeça Andrada apresentando os dois homens aos demais. – Estes são os doutores Ricardo e Felipe, advogados muito competentes que irão executar uma etapa importante de nossa missão de retaliação dessa rebelião.

Todos se entreolharam um tanto confusos e curiosos.

– Perdão, Dr. Andrada – interrompe um dos mais antigos membros. – Mas em que esses dois cavalheiros irão nos ajudar?

– Que bom que tenha perguntado, meu amigo – retruca Andrada. – Irei esmagar de uma vez por todas esses malditos hereges! Estes dois homens aqui apoiarão o líder que dentre os senhores se oferecer para esta missão e armarão acusações falsas contra os líderes, colocando-os na prisão.

Os olhos de todos se arregalaram. Não acreditavam que Andrada pudesse agir dessa maneira. Mas o velho pastor estava determinado a não deixar que ninguém se colocasse no seu caminho na conquista de ser reconhecido como o homem que trouxe a glória de Deus de volta à cidade, por meio da construção do novo templo.

Tem início a oposição

– Porém, para dar início a essa missão, necessito de um voluntário para encabeçar tal empreendimento – diz Andrada, enquanto perscruta a reação de todos os presentes na sala. – E então, ninguém vai se candidatar?

Percebendo que ninguém se manifestava, Paulo se candidata ao cargo, comprometendo-se a acabar com a rebelião. Se algo ou alguém ameaçasse sua crença de que estava no caminho certo, precisaria ser detido, não importando laços de amizade ou qualquer outra coisa. Ainda que tivesse que passar por cima de seus próprios valores pessoais, Paulo se dispôs a dar cabo em quem estivesse querendo barrar a obra de Deus. Naquela hora, Paulo lembra-se da chamada em seu celular, que recebera mais cedo, acusando Tiago de ser o principal mandante dessa rebelião. Mui tímida e temerosamente, Paulo questiona se haveria de se saber quem era o principal culpado. Todos concordaram com a pergunta. Era algo importante demais para se passar despercebido naquele momento. O nome, o nome do mandante, do idealizador da obra que destruiria a unidade da Igreja Nova Vida e que queria tomar para si o poder por meio de falsos ensinos e oposição ao Dr. Andrada.

Curvando sua cabeça e colocando a mão na boca por um instante, Andrada fez um sinal para um de seus advogados para que se pronunciassem em seu lugar. O advogado dá um passo à frente, puxando uma lista extensa com nomes e endereços dos principais líderes possíveis desta rebelião.

– O nome do principal líder – pronuncia-se Dr. Felipe – é Tiago!

Capítulo 4

A perseguição

Dois dias após a reunião na casa do Dr. Andrada, logo cedo, o pastor Barnabé bate à porta da casa de Tiago. O velho pastor estava ofegante, semblante abatido e bastante preocupado.

– Descobriram sobre nossas reuniões, Tiago!

O pastor Tiago recebe a notícia com espanto, embora já imaginasse que isso aconteceria cedo ou tarde. Só não esperava que fosse tão rápido assim.

– Isso é verdade, Barnabé? Como conseguiram?

Tiago levou Barnabé para dentro e o fez sentar-se em seu sofá para se recuperar do choque. Ofereceu-lhe um copo d'água enquanto tentava processar aquela terrível notícia. Barnabé sentou-se pesadamente no sofá enquanto procurava reorientar as ideias. Finalmente, após sorver toda a água do copo, ele continuou com as explicações.

– Tiago, nós estamos perdidos! – prossegue um Barnabé aflito. – Não somente descobriram sobre as reuniões com também pegaram o diácono Estêvão!

Tiago levou um choque. Tentou não demonstrar preocupação, mas estava por demais preocupado com o jovem diácono. Até que ponto Andrada seria capaz de ir para cumprir suas ambições? E mais: qual o significado de terem pegado Estêvão, o que fariam com ele?

– Estêvão está bem? – pergunta Tiago. – Tem alguma notícia ou sabe por que o levaram?

Barnabé colocou as mãos no rosto esfregando-as contra os olhos. Cabeça baixa entre os joelhos.

– Não sabemos ainda, Tiago. Só sabemos que o levaram nesta manhã. Aquele pastor, o Paulo, que está à frente da construção do novo templo, foi quem encabeçou sua captura. Não consigo imaginar o que farão...

– Paulo? – surpreende-se Tiago. – Não imaginei que fosse se rebaixar tanto por causa do poder!

Paulo era um exemplo de homem de Deus para Tiago. Um homem íntegro, inteligente, determinado. Como se decepcionara naquele momento. De fato, poder, fama e riquezas, concluiu Tiago, corrompem até os melhores servos de Deus.

– Só nos resta orar, Barnabé. E também entregar a vida de Estevão nas mãos de Deus.

♦

Sede da Igreja Nova Vida, 15 horas. O conselho de pastores reuniu-se a fim de definir o destino de um dos membros e líderes da revolta contra o Dr. Andrada e a construção do novo templo, Estevão.

Todos os membros do conselho ministerial estavam reunidos, juntos aos doutores Ricardo e Felipe, os dois advogados da igreja, exceto o Dr. Andrada. Talvez propositadamente.

Estevão fora levado, à força, para explicar-se sobre o que seriam as tais reuniões e dar os nomes dos demais envolvidos. Estava, ele, no centro da sala, cercado por todos os lados, em círculo, pelos membros do conselho e pelos dois advogados também. Paulo ficava na retaguarda apenas a observar como o conselho conduziria o interrogatório.

Dr. Tavares tomou a palavra, pois, sendo ele o braço direito do Dr. Andrada, recebeu a incumbência de presidir tal reunião.

– Pois muito bem, senhores – diz Tavares em tom altissonante. – Quais são as acusações trazidas contra esse homem?

Carlos Andrada havia conseguido subornar algumas pessoas do meio do povo para depor contra Estevão.

– Ouvimos Estevão falar palavras blasfemas contra Andrada e contra Deus, pregando contra os bons costumes deste lugar, a saber, da Igreja Nova Vida.

Ao ouvirem isso os membros do conselho se agitaram e murmuravam entre si palavras caluniosas contra Estevão, que permanecia em silêncio de cabeça baixa.

Não somente pessoas foram subornadas, mas também falsas testemunhas foram apresentadas.

– Esse homem não para de falar contra esta santa igreja e nossas doutrinas! Pois o ouvimos dizer que destruiriam este lugar e mudariam nossa liturgia de culto.

Estevão permanecia em silêncio com tal serenidade em seu rosto que ao contemplá-lo todos o viam com um rosto como de um anjo.

Mediante tais acusações, o pastor Marcos Tavares volta-se para Estevão e começa a interrogá-lo.

– São verdadeiras essas acusações?

Ao que, ouvindo tudo em silêncio, o diácono Estevão levanta seu rosto fitando o olhar dos demais membros do conselho e começa a se pronunciar.

– Varões irmãos, membros deste digno conselho, ouçam-me! O Deus de nossos antepassados tem sido mui gracioso para com o povo desta nossa amada cidade, a grande cidade de Damasco. Desde os tempos antigos, nossos antepassados têm se dedicado na obra de Deus por meio da proclamação do evangelho ao mundo todo.

Mediante este discurso de Estevão a atenção dos membros mais antigos foi captada. Todos o olhavam com curiosidade, pois o acusado parecia não estar querendo se defender das acusações, antes discorria o histórico da pregação do evangelho na cidade!

– Nossos antepassados, dentre os quais alguns aqui nesta sala fizeram parte, chegaram a esta cidade trazendo Boas Novas de salvação a um povo que jazia em trevas. O evangelho de Jesus Cristo que a nós foi pregado, anteriormente, era o evangelho que aceita a todos os pecadores independentemente de posição social, raça ou idade. Eram pregadas Boas Novas de arrependimento, perdão dos pecados e Nova Vida em Cristo, eis a razão de esta igreja ser chamada Nova Vida, pela ênfase na mensagem de nova vida em Cristo Jesus.

Paulo apenas observava a intrepidez do jovem diácono que demonstrava grande sabedoria na escolha das palavras. Não havia ali, naquele salão, quem ousasse levantar-se para fazer o acusado se calar. Todos estavam magnetizados pelas palavras eloquentes do rapaz. Não conseguiam resistir à sabedoria nem ao espírito com que falava.

– Chegado os tempos atuais, os nossos antepassados – dizia o diácono encarando a cada um dos membros ali presentes – afastaram-se do evangelho que outrora defenderam. Pois a mensagem simples e suficiente do evangelho começou a ser substituída aos poucos por ganância e cobiça dos próprios patriarcas desta obra em nossa cidade. A preocupação com a pregação do evangelho e o cuidado para com os mais pobres e necessitados começou a ceder lugar para a construção de templos feitos por mãos de homens cobiçosos, sedentos por poder e fama!

Todos no salão arregalaram os olhos ao ouvir tamanha acusação vinda da boca de Estevão. No fundo, sabiam ser verdadeiras aquelas palavras, mas o orgulho os impedia de aceitar tais palavras como verdade. Tavares agarrava-se firmemente à mesa sob a qual estava sentado, de forma tão intensa que os nós dos seus dedos já ficavam brancos.
– Alguém tem que calar este homem! – pensava o braço direito do Dr. Andrada. Olhava para os advogados, mas ambos estavam igualmente atônitos com as palavras de sabedoria vindas de Estevão.

– Sua preocupação desmedida com construção de templos não se sustenta, nem mesmo encontra fundamentos nas palavras do próprio Deus, pois *"o Altíssimo não habita em casas feitas por homens. Como diz o profeta: "'O céu é o meu trono, e a terra, o estrado dos meus pés. Que espécie de casa vocês me edificarão? diz o Senhor, ou, onde seria meu lugar de descanso? Não foram as minhas mãos que fizeram todas estas coisas?'* (Atos 7.48-50 NVI).

Ao ouvirem isso, todos se enfureceram. Porém ninguém era capaz de dar um passo na direção do jovem.

Estevão continuava sua defesa, cada vez mais entusiasmado. Sabia que despertava a ira dos membros do conselho, mas o que mais poderia fazer? Não aceitaria mais continuar fingindo não conhecer a verdade. Sabia também que sua vida corria perigo. Aqueles homens seriam capazes de qualquer coisa para deter quem se colocasse no caminho de sua cobiça. Era um caminho sem volta, portanto, prosseguiu!

– Pastores rebeldes, obstinados de coração e ouvidos! Vocês são iguais aos fariseus: "Sempre resistem ao Espírito Santo!" Estes sempre perseguiram os santos que pregaram sobre o Justo, do qual vocês agora se fizeram traidores! Vocês receberam a incumbência de proclamar o evangelho e em vez disso mentem, roubam e não se cansam de fazer o mal!

Ao ouvir tal acusação, os membros do conselho se enfureceram sobremodo, se segurando para não se lançarem sobre Estevão. No entanto, Estevão continuou mantendo sua serenidade. Por um momento, voltou a baixar sua cabeça como que se estivesse orando a Deus. Todos no salão fitavam-no para saber o que estaria ele fazendo. De súbito, Estevão levanta a cabeça e fita o teto da sala com um olhar de admiração e espanto.

Os que perceberam isso em uníssono perguntaram-lhe para o que e para onde ele estava olhando. Por um instante, Estevão permaneceu calado até que se pronunciou. Porém teria sido melhor se tivesse guardado silêncio.

– Olhem! – a voz de Estevão retumbou pelas paredes da sala. –Vejo os céus abertos e o Filho do Homem em pé, à direita de Deus!

Todos ficaram boquiabertos e, tapando os ouvidos, começaram a gritar.

– Como ousa! Você acha que a palavra de Deus vem apenas por seu intermédio? Considera-se o único porta-voz de Deus na Terra? Olhe para nossa história que você mesmo acabou de contar. O evangelho chegou até aqui graças aos esforços do Dr. Andrada e cada membro deste conselho! Você não tem nenhuma contribuição na expansão do evangelho em Damasco!

Naquele momento de grande fúria, esses homens perderam totalmente o temor a Deus e, como cães raivosos, lançaram-se contra o jovem diácono. Paulo ficou um tanto chocado. Nunca antes vira nada igual vindo de "homens de Deus".

Os homens, todos eles, agarraram Estevão com fúria e o levaram, com força, para fora, nos fundos da Igreja, onde começaram a espancá-lo.

Paulo correu assustado para ver o que estavam fazendo. Permaneceu imóvel vendo tal situação. Embora não concordasse com uma revolta contra a Igreja, também não discordava, de todo, de Estevão. Sabia ser verdade muito daquilo que o diácono dissera em sua breve defesa frustrada.

A sessão de espancamento transcorria, enquanto os membros do conselho depositavam seus paletós aos pés de Paulo que continuava imóvel diante de tal cena de brutalidade vinda de cristãos. Como Cristo estaria vendo tal situação? Os hereges precisavam ser detidos, mas será que isso era mesmo necessário?

Socos e chutes eram desferidos contra Estevão que nada fazia para defender-se. Caindo ajoelhado devido a um chute em seu estômago, contorcendo-se de dor, Estevão olha para os céus e ora a Deus.

– Senhor Jesus, recebe meu espírito! E mais – Estevão já não aguentava mais quando proferiu sua última oração. – Não lhes considere culpados por esse pecado! – e, tendo dito isso, adormeceu. Nunca mais se ouviu Estevão dizer palavra alguma, nem mais se viu o seu rosto novamente.

♦

– Chegado os tempos atuais, os nossos antepassados afastaram-se do evangelho que outrora defenderam. Pois a mensagem simples e suficiente do evangelho começou a ser substituída aos poucos por ganância e cobiça dos próprios patriarcas desta obra em nossa cidade. – essas palavras de Estevão perturbaram Paulo.

– A preocupação com a pregação do evangelho e o cuidado para com os mais pobres e necessitados começou a ceder lugar para a construção de templos feitos por mãos de homens cobiçosos sedentos por poder e fama!

Quanto mais o jovem pastor tentava não pensar nessas palavras, mais elas lhe martelavam na cabeça.

– Sua preocupação desmedida com construção de templos não se sustenta, nem mesmo encontra fundamentos nas palavras do próprio Deus, pois *"o Altíssimo não habita em casas feitas por homens. Como diz o profeta: "'O céu é o meu trono, e a terra, o estrado dos meus pés. Que espécie de casa vocês me edificarão? diz o Senhor, ou, onde seria meu lugar de descanso? Não foram as minhas mãos que fizeram todas estas coisas?'"*(Atos 7.48-50 NVI).

– Por quê? Por que tinha que ser assim? – pensava o pastor.

– Nunca antes pedi para ser pastor titular de nada!

A morte de Estevão mexeu muito com Paulo. O jovem pastor percebeu-se arraigado a uma trama e pensava, cada vez mais, sobre qual seria o motivo verdadeiro pelo qual ele havia sido escolhido pelo Dr. Andrada.

Mas, já sendo tarde da noite, Paulo resolveu dormir um pouco para descansar. Estava por demais perturbado.

A perseguição

◆

Ao amanhecer, Carlos Andrada recebeu, em seu escritório pastoral, seu velho amigo Marcos Tavares que o põe a par dos acontecimentos envolvendo o diácono Estevão. Enquanto tomavam uma xícara de café, Tavares, preocupado, conta-lhe o triste fim que teve o diácono.

– Então, ele está morto agora? – resmunga Andrada.

Nervosamente, com a respiração forçada e o suor na testa, Tavares põe-se a explicar.

– Foi uma fatalidade, senhor, o jovem ofendeu os membros do conselho, que não se contiveram.

– E o que fizeram ao corpo?

– Levamo-lo ao Hospital São Judas, senhor – responde Tavares. – Porém, ele já chegou morto.

Andrada colocou sua mão sobre o queixo um tanto pensativo. Girou sobre sua cadeira e voltou-se numa pergunta.

– Os médicos não suspeitaram de nada?

– Os advogados cuidaram disso, Andrada. Somente dissemos que ele se perdeu de nós, enquanto fazíamos um trabalho evangelístico pelo povoado.

– Logo?... – pergunta o pastor-presidente.

– Ele foi espancado e morto por aqueles que não são simpáticos à fé cristã.

Andrada conforma-se com a resposta e pede a Tavares que enviasse um cartão de condolências a família de Estevão, encerrando assim o assunto. Tal era a frieza do velho pastor que não deixaria ninguém ficar em seu caminho. Ninguém iria ofuscar seu objetivo de ser firmado como personalidade cristã histórica da cidade.

– E nosso homem, Tavares, como ele está se saindo?

– Quer dizer o pastor Paulo? Ele vem cumprindo bem seu papel como administrador da construção do novo templo, senhor.

– Excelente! – retrucou Andrada. – Sabia que ele seria o homem perfeito para essa obra.

Um pouco desconfortável, Dr. Tavares resolve questionar o porquê de ter sido Paulo e não outro o escolhido para tal obra. Afinal, por que tanta obsessão pelo jovem pastor? Era certo que suas credenciais eram ótimas, que ele havia sido o melhor aluno no seminário Palavra e Fé, que tinha personalidade, presença e um ótimo conhecimento nas Escrituras Sagradas. Mas isso faria dele o mais qualificado para tal empreendimento? Era certo, e disso ninguém discordava, que entre os membros do conselho o mais indicado seria o próprio Tavares.

– Tavares – replica Andrada com um sorriso sarcástico no rosto. – Sei muito bem que existem homens mais experientes e tão ou mais qualificados do que Paulo, porém não posso pôr em risco a integridade física e moral dos homens que começaram comigo esta obra.

– Pôr em risco? O que o senhor quer dizer com risco, o que poderá acontecer com Paulo?

– Logo saberá, meu amigo. Logo saberá! Por enquanto ocupe-se de colocar Paulo no encalço dos hereges malditos.

Tavares saiu do gabinete pastoral atônito e preocupado. Andrada soltou uma risada sinistra. Realmente esse era um homem traiçoeiro e ambicioso.

A perseguição

♦

Tiago e seus amigos reuniram-se novamente na casa de Barnabé. Sabiam que o cerco feito por Andrada e seus homens estava se fechando cada vez mais. Dessa vez, nem todos os integrantes do grupo foram convocados. Qualquer um poderia ser o informante. Apenas os de mais confiança estavam reunidos. Entre eles, os pastores Barnabé e Pedro, o presbítero João junto com os diáconos Filipe e Silas e o jovem João Marcos, primo de Barnabé.

Tiago inicia a reunião com uma oração de agradecimento a Deus ao mesmo tempo em que tentava não transparecer a tristeza em sua voz pela perda de seu irmão em Cristo, o diácono Estevão. Embora os advogados de Andrada tivessem alegado que o diácono fora espancado até a morte por pessoas não simpáticas à fé cristã, todos na reunião sabiam da verdade. Eles sabiam que Estevão havia sido morto por causa da sua profissão de uma fé genuína e dos protestos contra a corrupção da Igreja Nova Vida.

– A paz, meus irmãos! – pronuncia-se Tiago, o líder. – Como todos já estão sabendo, nosso irmão Estevão foi o primeiro a dar sua vida por causa do evangelho. Todos nós sabíamos das implicações de se opor a Andrada desde o princípio e não nos era novidade que alguma perseguição viria por causa da verdade. Mas eu quero lembrar-lhes das palavras de Cristo Jesus quando disse: *"Eu lhes disse essas coisas para que em mim vocês tenham paz. Neste mundo vocês terão aflições; contudo, tenham ânimo! Eu venci o mundo"* (S. João 16.33 NVI).

Todos assentiram com um aceno de cabeça, enquanto Tiago continuava.

– O que quero hoje, com esta reunião, meus irmãos, é dizer que não poderemos mais continuar a nos reunir sempre, como vínhamos fazendo até este dia. Precisaremos nos dispersar, pois com certeza Andrada virá atrás de cada um de nós.

Pedro tomou a palavra, sempre impulsivo e bruto no modo de falar.

– Concordo com o posicionamento de Tiago. Certamente, o calhorda do Andrada está em nosso encalço, perseguindo-nos como um cão em busca de sua caça.

– Mas, para onde iremos? – retrucam Silas e Filipe.

Tiago observa seus irmãos por um instante. Este era um momento decisivo na vida de cada um. Estavam a ponto de se separarem para difundirem o evangelho de Jesus Cristo ao maior número possível de pessoas.

– Após orar muito sobre esta questão – prossegue Tiago –, decidi, em conjunto com Pedro e João, que nos separaremos pela cidade de Damasco, se possível pelo país. Permanecerei aqui na cidade, pois creio ser mais útil perto do quartel general de Andrada. Os demais deverão se estabelecer em locais onde possam proclamar o evangelho longe das vistas de Andrada e seus homens. Pedro levará Silas e João, Barnabé levará seu primo João Marcos, e Filipe poderá permanecer aqui para me auxiliar, se for de sua vontade – Filipe alegremente concordou com a proposta.

Todos se deram as mãos e oraram, unânimes, pedindo a graça de Deus para que pudessem levar a cabo a obra da pregação do evangelho com ousadia, intrepidez e poder. Terminada a reunião, todos se separaram, cada qual para uma região diferente.

A perseguição

◆

Após passar por alguns momentos de reflexão, Paulo dirigiu-se ao escritório do Dr. Andrada a fim de pedir permissão de continuar a perseguição aos hereges. Embora alguns dos membros da rebelião tivessem sido homens da mais alta confiança no ministério da Igreja Nova Vida, eles não passavam de rebeldes agora. E qualquer um que ousasse se levantar contra a igreja de Deus precisava ser detido a qualquer custo. Seja Tiago, Pedro, João ou mesmo Estevão, todos precisavam ser detidos. Dirigindo seu Land Rover, Paulo chega ao escritório de Andrada, no centro da cidade.

O clima estava seco e quente, mal se viam nuvens no céu. Eram por volta das 9 horas da manhã quando Paulo chegou ao escritório pastoral. A agitação no mercado da praça estava, como sempre, bem intensa.

Uma leve batida na porta se fez ouvir. Andrada estava revisando alguns documentos antigos quando pediu que a porta fosse aberta. Paulo entrou no gabinete. Estendeu sua mão e, com um aperto firme, cumprimentou o velho pastor que lhe devolveu, em sinal de cortesia, um largo sorriso.

– Paulo! É bom revê-lo. Algum problema na administração do novo templo? Em que posso ajudá-lo, meu filho? – finge um sarcástico Andrada.

Andrada acomodou Paulo em uma cadeira à sua frente na mesa. O jovem parecia determinado. Seus olhos brilhavam transmitindo uma segurança, firmeza e uma busca inabalável pelos seus objetivos. Paulo aspirava ameaças e mortes contra os hereges.

— O que desejo aqui, Dr. Andrada, é que o senhor me autorize a ir ao encalço, novamente, desses malditos hereges! Eles precisam ser detidos de uma vez por todas para que aprendam a não mais desafiar o poder da Igreja Nova Vida e do Dr. Andrada, nosso líder.

Os olhos de Andrada brilharam. Este era o Paulo que ele queria ver em ação.

— Fico feliz que pense dessa forma, Paulo. Mas, diga-me — Andrada hesitou um pouco e então continuou. — Como posso lhe ajudar nessa empreitada contra esses rebeldes?

— Preciso de respaldo jurídico que me garanta o sucesso de minha missão!

— Respaldo jurídico? — retruca Andrada um pouco surpreso. — Perdoe-me, mas, acho que não compreendi seu pedido meu jovem.

Paulo olhava fixamente dentro dos olhos de Andrada. Esse era seu momento. Podia-se perceber a obstinação vinda do jovem pastor.

— Sim, doutor — retruca Paulo. — Quero, à minha disposição, o poder jurídico da Igreja Nova Vida para que traga, com um mandato judicial de prisão, a todos esses renegados.

— É uma tarefa arriscada, Paulo. Tem certeza que deseja ir?

— Conheço os riscos dessa missão, Dr. Andrada. Sei que o Ministério Público investigará os fatos, é prato cheio para a mídia sensacionalista. Por isso é que preciso de seu respaldo jurídico.

— Creio que ainda não entendi sua intenção!

Paulo levantou-se da cadeira, mantendo sempre seus olhos fitos em Andrada. Cruzou os braços mantendo uma das mãos sobre o queixo, como se estivesse ponderando muito bem suas palavras.

Andrada estava tenso. Nunca antes, em sua vida toda, se sentira tão acuado. Queria que aquele homem não estivesse ali em sua frente, mas estava.

Paulo se volta para Andrada e deixa-o mais acuado ainda.

– Sei muito bem da farsa que foi o atestado de óbito de Estevão.

Andrada sente um frio subir-lhe pela espinha. A garganta ficou seca, começava a morder os lábios e franzir a testa. Não percebeu, mas os documentos, que antes revisava, estavam agora sendo amassados por suas mãos. Será que Paulo usaria o conhecimento da farsa da morte de Estevão contra ele?

– Por isso, Dr. Andrada, preciso de seus advogados para forjar uma acusação contra esses hereges para que possa trazê-los sem problemas às autoridades locais.

"Ah, Paulo, como decaiu! Seria mesmo capaz de usar a mentira como subterfúgio para apoiar o engano e ganância desmedida de Andrada?". O velho pastor ficou espantado. Seus olhos estavam vidrados. Estava por demais atônito.

– É claro, Paulo – engasga Andrada. – Tem meu apoio. Meus advogados estão à sua disposição. Qualquer coisa que precisar pode me solicitar.

Paulo agradece, respeitosamente, seu mentor. Faz uma reverência devagar e sai do gabinete. Andrada se soltou pesadamente na sua cadeira e suspirou de alívio. Isso estava saindo do seu controle. Se não tomasse as rédeas novamente, isso poderia lhe causar transtornos futuros.

A manhã transcorria naturalmente. Um belo dia ensolarado, com poucas nuvens e muito calor. Paulo saiu do gabinete pastoral do Dr. Andrada e seguiu em direção à casa de Helena Tavares. Estava determinado a terminar, de vez, com um noivado que lhe causava mais aborrecimentos do que felicidades. Atravessou a praça a passos firmes e determinados. Sua mente tinha apenas uma meta e um objetivo: destruir os inimigos de Deus.

Capítulo 5

Lutando contra Deus?

Helena Tavares estava na varanda de sua casa cuidando de sua plantação de rosas. Estava vestida com um belo vestido azul turquesa, com luvas de seda e um belo chapéu sombreiro branco. Ela passeava por seu jardim, enquanto estava absorta em seus pensamentos sobre o futuro brilhante de seu noivo. Como era emocionante e satisfatório ser noiva do segundo homem mais respeitado dentro da comunidade cristã local. Ela só tinha olhos e pensamentos para o luxo e a ostentação que tal título lhe caberia: a futura esposa do pastor titular do novo templo da Igreja Nova Vida. Helena sentou-se em sua cadeira de balanço e começou a lembrar-se da trajetória de seu noivado. Nem mesmo viu o passar do tempo. Pensou sobre o início de seu namoro com Paulo, quando este era um recém-chegado à cidade. Pensou também sobre a grande oportunidade quando Paulo foi escolhido pelo Dr. Andrada para ser seu sucessor como pastor dirigente da Igreja.

Tal era sua distração que não percebeu quando uma criada chegou pelas suas costas pedindo-lhe licença para transmitir o recado de que Paulo havia telefonado e estava a caminho para conversarem.

Helena achou estranha tal atitude de seu noivo. Não era normal Paulo deixar seus afazeres para ir visitá-la. Geralmente, ele era um homem muito responsável e só gostava de deixar algum assunto importante de lado depois que estivesse resolvido. O que seria tão importante assim para fazer o jovem pastor deixar seu gabinete e seus assuntos para ir fazer-lhe uma visita? Helena ficou intrigada, mas resolveu esperar e não pensar mal antes de saber sobre o significado daquela visita inesperada, afinal, era seu noivo quem estava vindo.

♦

Paulo estava de péssimo humor naquele dia. O jovem pastor estava determinado a romper o relacionamento com alguém volúvel e superficial como Helena. Não queria que sua carreira e seu futuro promissor fossem maculados por alguém que apenas lhe trazia dores de cabeça. Então precisava cortar o mal pela raiz. Com seus óculos de sol no rosto, cabelos sempre bem penteados, sapatos de couro alemão, calças de microfibra preta e camisa polo de cor azul clara, o rapaz seguia, a pé mesmo, para a casa de sua noiva. A casa de Marcos Tavares, pai de Helena, não ficava distante do gabinete pastoral de Andrada.

Era um típico dia de segunda-feira e o mercado central da praça estava lotado. Pessoas de toda província de Damasco vinham comercializar no mercado da cidade, pois lá era um ótimo lugar para se realizar negócios. Os ambulantes da praça misturavam-se com transeuntes e estrangeiros que, costumeiramente, vinham passar as férias na grande cidade.

Paulo resolveu passar pelas obras do novo templo e inspecioná-las antes de ir à casa de Helena. A inauguração estava programada para pouco mais de um mês daquela data. Ao chegar ao novo templo, Paulo contempla toda a magnificência daquilo que será a maior glória da cidade, em sua fase final de construção. Andrada não havia poupado esforços contratando os melhores arquitetos e engenheiros para supervisionarem de perto a construção de sua maior ambição. O templo era magnífico. Com capacidade para acomodar mais de quinze mil pessoas, biblioteca equipada com os maiores acervos bibliográficos de teologia, berçários para as mães deixarem seus filhos pequenos, lanchonetes e espaço para entretenimento juvenil, sem contar ainda com um amplo suporte psicológico para os membros da Igreja Nova Vida, amparado por psicólogos famosos e competentes da cidade.

Um largo sorriso surgiu no rosto de Paulo quando este percebeu que todo esse grande império, construído pelo suor e esforço do Dr. Andrada, estava agora sob sua administração.

Voltando do sonho, Paulo deu meia-volta, fechando seu semblante novamente e partiu para cumprir com a ideia de terminar seu atual relacionamento com Helena Tavares.

♦

Pedro e João, junto com Silas, também chamado Silvano, chegam à cidade rural da Galileia. Lá, desembarcaram do trem com suas malas nas mãos e com a determinação de cumprirem a vocação ministerial de pregar o evangelho genuíno a todo aquele que quisesse ouvir. Os três resolveram fixar-se nesta região tão desprezada e esquecida, pois imaginaram ser mais fácil cumprir sua missão. Talvez, Andrada não pensasse em procurá-los em um lugar tão esquecido como aquele. A cidade da

Galileia era conhecida por ser uma província desprezada por todos os habitantes da poderosa Damasco. Por se tratar de uma região estritamente rural, de onde seus habitantes tiravam seu sustento da pesca e do cultivo de alimentos, os habitantes da maior exportadora de tecnologia – a cidade de Damasco – viam os galileus com desprezo, como analfabetos de pouca instrução.

A região da Galileia era também a terra natal de Pedro e João. Ambos nasceram nessa região e vieram de uma vida simples, como pescadores. Ambos tornaram-se membros da Igreja Nova Vida quando esta foi também fundada por lá. Era uma igrejinha modesta e simples, porém muito acolhedora. Durante muitos anos, Pedro pastoreou essa igreja, mas a pedido do próprio Andrada, que viu em Pedro qualidades de liderança, ele foi levado à sede da igreja na cidade de Damasco na companhia de seu braço direito, o presbítero João.

Pedro olhou para João com ar de esperança. Como era bom estar de volta à sua terra natal. Silas toca-lhes nos ombros e dirigem-se juntos ao centro da cidade a fim de procurar um lugar para residir. Hotel, pensão ou casa de aluguel serviria a princípio.

♦

Tiago permaneceu na cidade de Damasco para poder servir de ponte de informações entre todos os cristãos que se separaram. Filipe ficou para auxiliá-lo. Sabia que esta não seria uma missão tão fácil e agradável, pois agora tornaram-se *personal non gratae* para Andrada e estavam com a cabeça a prêmio. Tiago empenhava-se muito estudando a palavra de Deus. Não queria mais viver um evangelho de mentiras e de promessas falsas, por isso debruçava-se dia e noite sobre sua velha Bíblia procurando entender mais e mais as verdades do evangelho.

– Perdi muitos anos de minha vida, Filipe. Há tantos tesouros aqui na palavra de Deus que eu negligenciei durante muito tempo.

Filipe lançou um aceno e um sorriso brincalhão para Tiago, que retribuiu o gesto do diácono. Apesar de ter perdido grande parte de seus antigos companheiros de ministério e muitos amigos, Tiago sentia-se feliz pela companhia de Filipe. Ambos se tornaram grandes amigos e verdadeiros companheiros. Fora Filipe, Tiago contava unicamente com o amor e a simpatia de sua esposa, Miriam, que o acompanhava a todo instante. Filipe, por sua vez, era ainda muito jovem para ser casado, tinha apenas 24 anos de idade. Ainda assim, uma verdadeira amizade surgiu entre esses dois homens de Deus, o mais velho e o mais jovem.

– Por quanto tempo mais teremos que viver nos escondendo, Tiago? – pergunta um angustiado Filipe. – Digo, não estou reclamando, é apenas uma dúvida. Por que não avançamos logo contra os abusos de Andrada?

Tiago olhou para Filipe com um olhar de ternura. Compreendia muito bem a ansiedade de seu amigo. Também queria muito agir, mas precisavam ser cautelosos. Um passo em falso e teriam o mesmo fim de Estêvão.

– Por enquanto não, Filipe. Usemos o tempo de que dispomos agora para estudar o evangelho de Jesus Cristo. Logo chegará o tempo oportuno e precisaremos nos preparar para quando esse dia chegar.

Filipe aquiesceu, pois compreendeu a preocupação de Tiago. Sabia dos riscos que os rodeavam a todo o momento e sabia também que agir sem pensar colocaria toda a obra a perder.

Tiago permaneceu por um tempo a observar seu, agora, melhor amigo, voltando em seguida à leitura que estava fazendo. Ali, sentado à mesa de seu pequeno escritório, sob a luz de uma luminária, Tiago estudava a parábola do filho pródigo no evangelho de Lucas capítulo 15, versículos 11 a 32.

– Quantas coisas maravilhosas, Filipe! Quem diria, o pai do pródigo correu até o filho e o beijou e o abraçou! – disse Tiago radiante.

– Sim, Tiago. Eu sei! Já li esta passagem várias vezes – responde um Filipe impressionado.

– Mas você não percebe, Filipe? O fato aqui, em destaque, é que o pai correu!

– Já disse que sei, Tiago! Por que tanta ênfase em algo assim tão comum e normal?

Tiago encarou Filipe por um instante e então prosseguiu.

– Filipe, você não compreende? Em nossa época, o fato de o pai correr ao encontro de seu filho é perfeitamente normal, porém, naquela época, no século 1º, Jesus ter mencionado isso foi um choque para seus contemporâneos.

– Como assim? – perguntou Filipe.

– Quanto mais posses e respeito uma pessoa tivesse na sociedade, menos rápido ela andava e com mais pompas se movimentava. Isso significa que o pai não considerou que o desprezo de correr era algo a que deveria se apegar, ele só queria seu filho de volta. O mesmo nos fez Cristo. Ele não considerou o desprezo que teria de enfrentar.

– Antes, correu para a cruz para nos salvar! Maravilhoso!

Filipe ficou radiante. Entendeu o que seu amigo quis lhe transmitir.

♦

– Como assim, "terminar nosso noivado"? Você ficou louco, Paulo? – gritou uma Helena irritada e assustada ao mesmo tempo.

Paulo estava sentado no sofá, na sala da casa de Helena, quando lhe deu a desagradável notícia. Cabeça baixa, com uma feição terrível no rosto, Paulo apenas mantinha-se calado e com as mãos juntas entre os joelhos. Já havia se pronunciado e, agora, queria apenas deixar que Helena entendesse sua posição. Helena estava muito irritada. Jamais pensou que isso poderia estar lhe acontecendo. Não com ela, a filha do braço direito do Dr. Andrada, Marcos Tavares, o segundo homem mais importante na comunidade cristã de Damasco.

– Você não vai dizer mais nada, Paulo?

Paulo suspirou profundamente e olhou Helena nos olhos, enquanto endireitava-se no sofá.

– Nada mais tenho a lhe dizer, Helena. Tudo o que poderia argumentar, eu já lhe disse. Não estou mais contente com o rumo que nosso noivado está tomando. Você tem me cansado, pensei muito e agora vejo que meu futuro não tem espaço pra você ao meu lado.

– Mas por que, Paulo? O que eu fiz de errado?

Helena chorava copiosamente, enquanto tentava entender o que estava acontecendo. Sua mente girava sem parar ao mesmo tempo em que sentia um terrível mal-estar que a obrigou a sentar-se pesadamente no sofá que estava atrás de si. Colocando as mãos em sua cabeça, interrogava Paulo sobre o porquê de tal decisão repentina.

Paulo limitou-se a encará-la com um olhar frio como nunca antes fizera. Colocando as mãos no bolso de sua calça, Paulo procurava expor o que pensava sobre seu futuro.

– A obra de Deus não pode ser impedida por quem quer que seja. Não importa que relação esta pessoa tenha comigo. Sou um servo de Deus e preciso levar a cabo minha obrigação para com Ele. Nosso noivado tem me cansado e impedido que venha colocar todo meu coração na obra de Deus, isto é, a eliminação dos inimigos de Deus e a edificação do grande templo em honra ao nome de Deus. Meu chamado, como pastor, vem antes de meus sentimentos por você.

– Você é um louco, Paulo! – Helena irritou-se de verdade ao ver aquele que outrora fora um homem tão gentil e atencioso, e agora era um monstro insensível e obcecado pelo poder. – Você está louco por causa do poder! Eu odeio você, seu monstro!

– Sinto muito! – respondeu Paulo. – Mas é isso o que penso por agora. Estou cansado de você.

– Já imaginou que pode, muito bem, estar lutando contra Deus? – perguntou-lhe Helena, furiosa e enxugando suas lágrimas com um lenço de seda.

Paulo ficou estático. Lutando contra Deus? O que isso significava? Essa declaração perturbou o pastor. O que aquela moça mimada entendia da obra de Deus? Afinal, não era Paulo, o servo escolhido de Deus, ali?

– O que você quis dizer com isso de "lutando contra Deus"? Explique-se!

Os criados dos Tavares ouviam tudo de outro aposento, assustados. Helena enxugou as lágrimas e prosseguiu.

– Nunca pensou se o que você esta fazendo é mesmo a obra de Deus para sua vida? Será mesmo isso o que Deus requer de você?

Paulo se indignou com essa declaração. Sua feição transformou-se, ficou um pouco tenso e com semblante um pouco carregado.

– O que você entende da obra de Deus? – trovejou Paulo. – Estou na frente da obra e não permitirei que você venha me atrapalhar. Ninguém irá me impedir!

Helena se arrependeu por ter provocado a fúria de Paulo. Nunca antes havia o visto tão transtornado e furioso.

– Sou um servo de Deus, não estou lutando contra Ele e sim, em Seu favor!

Paulo não se manifestou mais, limitou-se a encarar Helena. Não tendo nada mais a dizer, apenas retirou-se da casa de sua ex-noiva e foi-se embora, seguindo sua vida, sentindo-se um homem livre agora. Helena permaneceu sentada no sofá, chorando, com as mãos sobre o rosto. Sua vida estava arruinada. Jamais passara por tamanha humilhação em sua vida. A rejeição doeu-lhe fundo na alma, como uma punhalada no coração.

♦

Paulo sentiu-se extremamente ofendido com a ousadia de Helena. Ele, lutando contra Deus? Impossível! Andando pela praça, em busca de seu Land Rover, começou a maquinar contra os hereges.

– Todos, esses hereges miseráveis, verão se estou lutando a favor de Deus ou não! Pois agora sim, serei rigoroso na busca deles. Agora eles saberão o que é perseguição.

Paulo estava transtornado. Todo o temor de Deus que ele tinha foi posto de lado naquele momento, só importava acabar com todos aqueles que ameaçavam seu glorioso futuro. Helena já era história passada em sua vida, agora só restava Tiago e seus companheiros.

– Acabarei com essa rebelião. Ninguém irá destruir meus planos de ser o pastor titular do maior templo cristão deste mundo. Lutando contra Deus? Veremos, ao final de tudo, quem, realmente, esteve lutando contra o Todo Poderoso.

O jovem pastor aproximou-se de seu carro, abriu a porta e dirigiu-se a seu gabinete pastoral a fim de tentar esfriar a cabeça. Foi, durante todo o caminho, tramando como iria fazer para esmagar esta rebelião. Parou em uma banca de jornal para comprar um exemplar do jornal regional para ver as últimas notícias. Na caminhada, procurou não pensar tanto nas últimas palavras de Helena, mas elas martelavam-lhe a mente.

– "Já imaginou que pode, muito bem, estar lutando contra Deus?"

Meneou a cabeça para afastar tal pensamento, só para dar mais vazão a eles.

– "Nunca pensou se o que você esta fazendo é mesmo a obra de Deus para sua vida? Será mesmo isso o que Deus requer de você?"

– Quanta ousadia! – pensou o pastor. – Quem ela pensa que é? Não passa de uma menininha mimada que teve, sempre, tudo o que quis. Uma moça fútil e trivial que vive apegada às coisas supérfluas dessa vida. Fiz bem em terminar nosso noivado, não iria mesmo levar a nada se continuássemos.

Ao estacionar seu Land Rover na garagem, Paulo desce de seu carro tirando os seus óculos escuros e entra pela porta principal distraindo-se um pouco com a leitura do jornal. Estava por demais perturbado e precisava se envolver com alguma distração. A velha Bíblia em cima de sua mesa cedeu lugar para o exemplar do jornal regional, o qual começou a ser folheado em busca de alguma notícia relevante.

Duas notícias chamaram muito a atenção de Paulo. A primeira dizia respeito a mais denúncias de fraudes e corrupção na Igreja Nova Vida por parte de ex-membros descontentes.

– Estes infelizes miseráveis! O que eles entendem por administração da obra de Deus? – resmungou Paulo, enquanto lia a notícia. – Não passam de uns cristãos fracos que dependem de nós, os líderes. Onde estariam eles agora se não fossem por nós?

A segunda notícia, então, chamou mais ainda a atenção do pastor. Nela era anunciado um grande culto de adoração a Deus numa das pequenas congregações da Igreja Nova Vida, na cidade de Damasco. Porém, o que chamou a atenção de Paulo foi que no rodapé da notícia estavam anunciando o pregador da noite, a saber, o pastor Tiago.

Um grande ódio tomou conta de Paulo ao ler essa segunda notícia. Via ali, naquela notícia, uma grande chance de prender Tiago, o líder dos rebeldes. Era notório somente aos membros do conselho e a alguns líderes confiáveis a rebelião de Tiago; os demais cristãos entre o povo não sabiam sobre a divulgação dos nomes, por isso Tiago ainda dispunha de algum prestígio entre o povo comum. O culto estava marcado para esta mesma noite, e por causa disso Paulo telefonou para Ricardo e Felipe, os advogados de Andrada. Não iria deixar essa grande oportunidade lhe escapar, pois era sua chance de prender o líder e quem sabe assim acabar de vez com a rebeldia do povo contra a Igreja.

Paulo combinou com os dois advogados de se encontrarem pelo caminho e entrarem no meio do culto para desmascarar Tiago diante de todo o povo.

– Agora o povo saberá quem, de fato, está lutando contra Deus! Quando eu acabar com toda essa patifaria e destruir esses rebeldes todos saberão que sirvo a Deus e faço tudo como Ele me direciona. Deus me mostrou onde os hereges estarão reunidos hoje. Logo, isso é a prova máxima de que Deus está comigo!

◆

A noite estava quase caindo quando Pedro, João e Silas se reuniram com o povo da Igreja Nova Vida para mais uma reunião de oração na congregação da região da Galileia. Era uma congregação simples, de um povo humilde e acolhedor. A reunião transcorria sem grandes problemas. O pastor local, e irmão de Pedro, André, passou-lhe a oportunidade para trazer uma mensagem para o povo naquele início de noite.

– Meus amados irmãos, a Paz seja com todos! – cumprimentou-os Pedro.

Um amém, em concordância, se fez ouvir na congregação.

Essa era uma pequena congregação que outrora Pedro e João haviam pastoreado, ficando sobre a responsabilidade de André após a partida de ambos. João e Silas estavam acomodados na tribuna, na retaguarda de Pedro, juntamente com André.

– Sinto-me imensamente feliz, meus irmãos – prossegue Pedro com seu habitual sotaque do interior –, de estar de volta a esta região depois de todos esses anos. Deve ser do conhecimento de todos aqui, nesta congregação, os problemas que estamos enfrentando por amor do evangelho de Jesus Cristo. Cristo já nos havia deixado avisado, em sua palavra, de que enfrentaríamos perseguição por causa de seu nome quando disse: *"Bem-aventurados serão vocês quando, por minha causa, os insultarem, os perseguirem e levantarem todo tipo de calúnia contra vocês. Alegrem-se e regozijem-se, porque grande é a sua recompensa nos céus, pois da mesma forma perseguiram os profetas que viveram antes de vocês"* (S. Mateus 5.11,12 NVI).

E disse mais: *"Eu lhes tenho dito tudo isso para que vocês não venham a tropeçar. Vocês serão expulsos das sinagogas; de fato, virá o tempo quando quem os matar pensará que está prestando culto a Deus. Farão essas coisas porque não conheceram nem o Pai, nem a mim"* (S. João 16.1-3 NVI).

Todos na congregação assentiram. Estavam com os olhos fitos em Pedro, que falava com tamanha eloquência e ousadia. O povo amava ouvir Pedro pregando o evangelho. Ele não era um grande teólogo, com grandes conhecimentos, porém tinha grande firmeza e convicção naquilo em que cria e pregava. Era um rústico comunicador.

– Verdade é, irmãos, que estamos sofrendo todas essas perseguições e estamos aqui, contra nossa vontade, por causa do zelo pelo nome de Jesus Cristo, o filho do Deus vivo.

João e Silas perceberam que o povo recebia, de bom grado, a mensagem de Pedro. Era um bom início. Era certo que o povo da Galileia não era muito favorável a Andrada, pois sempre foram vistos com desprezo pelo grande líder religioso, por causa de suas condições de vida precária. E fazia muito tempo que não viam alguém de fora trazendo o evangelho genuíno. André sempre era bem cuidadoso sobre quem trazia para ministrar a palavra, porém, por muitas vezes precisou se submeter à ganância dos pregadores de Andrada que vinham, apenas, para levar os recursos financeiros do povo.

– Mas em nada temos a nossa vida como preciosa, meus irmãos – disse Pedro. – Nossa retirada, até aqui, se faz necessário, por hora, para que possamos levar a mensagem de Jesus Cristo ao maior número possível de pessoas. Estamos, aqui, cientes dos perigos que estamos enfrentando e sabemos também que podemos pagar com nossas próprias vidas, assim como foi com Estevão, nosso amado irmão.

O povo entristeceu-se ao lembrar de Estevão, o diácono que encerrou seu testemunho de Cristo com seu próprio sangue. Um mártir pela causa de Cristo. Com a voz embargada, cheia de emoção, Pedro continuou seu emocionante testemunho.

– Digo a vocês, meus irmãos, não importa quão pesada seja a perseguição que poderá vir, continuemos firmes em nossa fé em Cristo. Pois, como diz as Escrituras:

Lutando contra Deus?

"Que diremos, pois, diante dessas coisas? Se Deus é por nós, quem será contra nós? Aquele que não poupou seu próprio Filho, mas o entregou por todos nós, como não nos dará juntamente com ele, e de graça, todas as coisas? Quem fará alguma acusação contra os escolhidos de Deus? É Deus quem os justifica. Quem os condenará? Foi Cristo Jesus que morreu; e mais, que ressuscitou e está à direita de Deus, e também intercede por nós. Quem nos separará do amor de Cristo? Será tribulação, ou angústia, ou perseguição, ou fome, ou nudez, ou perigo, ou espada? Como está escrito: "Por amor de ti enfrentamos a morte todos os dias; somos considerados como ovelhas destinadas ao matadouro" Mas, em todas estas coisas somos mais que vencedores, por meio daquele que nos amou. Pois estou convencido de que nem morte nem vida, nem anjos nem demônios nem o presente nem o futuro, nem quaisquer poderes, nem altura nem profundidade, nem qualquer outra coisa na criação será capaz de nos separar do amor de Deus que está em Cristo Jesus, nosso Senhor" (Romanos 8.31-39 NVI).

Tendo concluído com essas palavras, Pedro voltou a direção do trabalho para seu irmão, André, que encerrou o culto com uma oração de ação de graças. O povo dirigiu-se para suas casas com alegria em seus corações. A mensagem havia lhes tocado fundo em seus corações. Assim, se deu o início do novo ministério de Pedro, João e Silas. Um ministério penoso, porém cheio da presença do Espírito Santo de Deus.

◆

Era já noite quando Paulo encontrara-se com Felipe e Ricardo, os dois advogados de Andrada que agora estavam à sua disposição e a seu serviço, em frente a seu gabinete no centro da cidade. O pastor estava disposto a buscar Tiago e levá-lo preso, para que servisse de exemplo aos demais cristãos que tentassem se levantar contra o poder da igreja. Paulo estava muito bem trajado com seu terno italiano listrado, sapatos de couro alemão impecavelmente engraxado, gravata de seda pura e uma bela camisa. Mal via a hora do *show* que estava programado para quando Tiago subisse ao púlpito para pregar.

– Espero que tenham entendido o plano, cavalheiros – disse Paulo, seguro de si. – Hoje acabaremos com o líder dessa rebelião e, assim, esmagaremos de vez a revolta contra a igreja de Deus.

Ambos os advogados acenaram em concordância dando a entender que estavam prontos para partir. Os advogados entraram em uma BMW e acompanharam a uma distância discreta o Land Rover de Paulo. Demoraria cerca de meia hora até que os dois carros chegassem ao endereço onde Tiago estaria pregando. Era o tempo necessário para que Paulo pudesse pensar em sua entrada triunfal no salão da igreja. O tempo que estava seco e abafado começava a dar lugar para um tempo fechado e úmido. Era o prenúncio de chuva.

◆

O culto na pequena Igreja estava já se iniciando e uma grande quantidade de pessoas estava se reunindo dentro do templo. Todos vieram para ver Tiago trazer a palavra da noite. Alguns, claro, vieram por mera curiosidade, pois souberam do fracasso que fora o culto anterior. Queriam saber o que Tiago pregaria. O povo da sede da Igreja Nova Vida, da cidade de Damasco, estava tão habituado com um falso evangelho, de facilidades e prosperidade, que viam o evangelho de Jesus Cristo como uma ameaça a tudo aquilo que criam e desejavam da parte de Deus.

Tiago permanecia em uma salinha separada, nos fundos da igreja, orando e aguardando um pouco, antes de entrar no templo para se juntar aos demais irmãos durante a abertura do culto. Enquanto meditava, pela última vez, no esboço de sua mensagem sobre o filho pródigo, que havia tanto estudado para este culto, ouve um barulho vindo da porta da pequena sala. O pastor levantou-se para abrir a porta quando um pálido Filipe parou em frente à porta, demonstrando uma feição aterrorizada no seu semblante.

– Tiago, nós estamos perdidos!

O pastor deu dois passos para trás chocado. Filipe estava por demais preocupado e isso assustou um pouco Tiago.

– Mas, o que aconteceu, Filipe, o que pode ser tão ruim assim?

Filipe entrou na sala fechando a porta em seguida. Tirou de seu bolso um exemplar do jornal regional e procurou a página onde estavam anunciando o culto da noite.

– Eles colocaram no jornal, Tiago – disse Filipe. – Eles colocaram um convite para o culto a todas as pessoas da cidade. Andrada e seus homens já devem saber que você estará aqui esta noite. O que faremos agora? Não podemos permanecer mais aqui, Tiago!

Tiago sentou-se em sua cadeira, com sua Bíblia contra o peito. Estava muito assustado. Seria possível que, ao sair para o templo, Andrada e seus homens estariam esperando por ele? Mas e o que dizer de seu compromisso com o povo lá fora? Não eram culpados de nada. O que faria agora? Fugiria ou enfrentaria as consequências? Milhares de pensamentos passavam por sua mente ao mesmo tempo. Por um instante hesitou, pensando em fugir, porém lembrou-se das palavras de Cristo.

"Lembrem-se das palavras que eu lhes disse: Nenhum escravo é maior do que o seu senhor. Se me perseguiram, também perseguirão vocês. Se obedeceram à minha palavra, também obedecerão à de vocês" (S. João 15.20 NVI).

– Não posso fugir Filipe – disse Tiago apavorado. – Eu preciso ficar aqui.

Filipe segurou firme Tiago pelos ombros encarando-o nos olhos.

– Você ficou louco, Tiago? Pode ser preso esta noite! Está é a vontade do SENHOR para sua vida?

– Se for esta a vontade do SENHOR, eu ficarei aqui e sofrerei por amor a Cristo.

Os dois homens abraçaram-se e oraram ali mesmo. Entregaram suas vidas nas mãos de Deus, na certeza de estarem fazendo a coisa certa. Tiago entrou no salão da igreja sendo recebido calorosamente. Era uma congregação simples com algumas cadeiras para acomodar o povo, o púlpito era de madeira trabalhada com alguns lustres simples para melhor iluminar o pregador. Apesar de ser a igreja mais próxima da sede, ela era bem simples, até por que os grandes recursos arrecadados com as contribuições do povo eram revertidos para a construção do novo templo.

Tiago acomodou-se em uma cadeira na tribuna, ao lado do pastor local, o mesmo que, inocentemente, anunciara no jornal o evento. Enquanto se acomodava, tratou de perscrutar todo o ambiente em busca de algum dos homens de Andrada. Suspirou aliviado quando não encontrou nenhum. Sorriu para Filipe que se acomodara na primeira fileira de bancos, de onde seria fácil uma pequena fuga estratégica. O culto transcorria naturalmente, como o de costume, e ninguém desconfiava do dilema que Tiago e Filipe enfrentavam.

O clima na igreja estava carregado de uma animosidade indescritível. Eram muito bons os momentos de adoração na Igreja Nova Vida, disso ninguém discutia. Nem mesmo passava pela cabeça do povo, principalmente de Tiago e Filipe, que o rumo das coisas iria mudar daquela noite em diante.

♦

Ambos os advogados mal conseguiam acompanhar o Land Rover de Paulo, tamanha era a vontade e o desejo que o pastor tinha de chegar à igreja. Faltava pouco mais de três quilômetros para chegarem ao destino. Uma chuva torrencial havia começado há pouco mais de dez minutos, o que dificultava a visibilidade e a locomoção dos veículos. Mas isso não seria obstáculo agora. A ambição de Paulo estava quase concretizada agora, só mais um pouco e iria cortar o mal pela raiz.

Enquanto dirigia seu carro, pelas ruas esburacadas da cidade de Damasco, Paulo imaginava tudo o que pretendia fazer assim que chegasse à igreja. Iria entrar no meio da pregação de Tiago, interrompendo-a e chamando a atenção do povo para si. Exporia os crimes forjados de Tiago tirando, assim, o crédito do pastor e por fim prenderia, com um mandato falso, o pastor Tiago. Isso ensinaria ao povo a não se levantar mais contra a Igreja de Deus, nem contra o seu servo Dr. Andrada. Bem, verdade é que os motivos dele eram um pouco mais obscuros. Paulo queria mesmo que ninguém viesse interferir em seus planos ambiciosos de conquista e poder.

Paulo sorriu sarcasticamente, pois ao longe já era possível avistar as luzes da igreja acesas indicando movimento do povo.

– Finalmente estou chegando, Tiago – disse o jovem pastor. – Estou chegando para tirá-lo de meu caminho. Você não vai mais atrapalhar meus planos com sua mensagem herética e sua revolta contra a igreja.

O obstinado pastor acelerou ainda mais seu carro, para espanto dos advogados, que precisaram pisar fundo também para não ficar para trás. Chovia tanto que as gotas de chuva pareciam arrancar pedaços do asfalto. Ricardo e Felipe tentavam usar o pisca-pisca para fazerem sinal para Paulo diminuir a velocidade ou mesmo parar o carro, por causa da chuva, mas foi em vão. Paulo estava obcecado pela perseguição, só tinha isso em mente e nada mais.

Faltava pouco agora, menos de quinhentos metros para chegarem ao seu destino. Nada os deteria agora, já que essa era sua missão, não importava as dificuldades do caminho. De repente, Paulo começa a ouvir, ou pelo menos acreditava que estava ouvindo, uma voz lhe chamando pelo nome. Olhou pelo retrovisor buscando alguém dentro de seu carro, não encontrando ninguém. Talvez fosse impressão, decorrente da ansiedade e da emoção do momento. Resolveu afastar esses pensamentos de sua mente e concentrar-se no trânsito, difícil, à sua frente, mas a voz parecia não querer lhe deixar. O mais estranho é o que a voz estava lhe dizendo.

– Paulo, Paulo – dizia a voz. – Por que me persegues?

– Isso é coisa de minha cabeça – pensou Paulo. – Estou estressado, só pode ser isso e nada mais. Preciso de um bom descanso depois que isso tudo terminar.

Paulo não percebeu que estava realmente cansado e afadigado. Seus reflexos não estavam plenamente bem. A ânsia pela busca dos hereges custava-lhe noites de sono, planejando e sonhando com seu futuro.

Trovejava muito e a chuva castigava cada vez mais. O carro de Paulo saltou de um solavanco só, enquanto enfrentava uma estrada lamacenta e esburacada. Ricardo e Felipe estavam muito preocupados, pois o Land Rover corria demais à sua frente.

Um relâmpago iluminou o rosto assustado e completamente suado de Paulo, que não conseguia mais se concentrar no caminho. Paulo perdeu o controle do carro, para terror dos advogados que apenas podiam visualizar o veículo mediante os relâmpagos, ou apenas visualizavam os faróis, tamanha era a escuridão.

O Land Rover deu outro salto para a frente indo quase a pique. Paulo não sabia mais o que fazer, já que a voz ressoava dentro de sua mente e o perturbava. Uma mescla de doçura e firmeza. Jamais vira algo parecido em toda sua vida, jamais uma voz tão poderosa se fizera ecoar em lugar algum. – O que seria isso? – pensou Paulo. O jovem pastor tentava, em vão, segurar firme no volante do carro que dançava em suas mãos. O carro balançava de um lado a outro sem direção definida. Os freios do carro pareciam não obedecer ao comando do motorista, que estava desesperado.

Um novo relâmpago ribombou próximo ao carro de Paulo, fazendo um estrondo gigantesco. Mas o que mais apavorou o pastor foi o que ele viu no meio do clarão do relâmpago. Uma luz, uma luz tão ou mais brilhante que a do sol. E no meio dessa luz um vulto, semelhante ao de um Filho do Homem. De repente, Paulo não via mais nada, apenas o vulto de um homem que se aproximava de seu carro estendendo-lhe as mãos. Aquela voz tornou a reverberar forte em sua mente e coração.

– Paulo, Paulo, por que me persegues?

De um só grito, a plenos pulmões, Paulo se faz ouvir em meio à tempestade.

– Quem és tu, SENHOR!

No que a voz, para espanto e admiração do rapaz, lhe respondeu.

– Eu sou Jesus a quem tu persegues! Mas, agora, apronta-te, pois logo lhe será dito o que convéns fazer.

No mesmo instante em que Paulo ouvia a voz, de repente, ele não pode mais ver nem ouvir nada. Um barulho estridente se fizera ouvir na estrada, pois o carro de Paulo perdera o controle, de tal maneira, que acabou capotando na pista. Os advogados pasmaram diante da terrível cena, pois viram o carro rodopiar em pleno ar, chocando-se violentamente contra o chão, por diversas vezes, antes de parar. O Land Rover ficou irreconhecível, parado de cabeça para baixo, com o motorista pendendo preso pelo cinto de segurança. Os dois advogados, perplexos, desceram rapidamente de seu carro e correram até o local do acidente que ironicamente ficava apenas a cem metros da igreja. Ricardo tirou seu celular do bolso, ligando para o número de emergência, enquanto Felipe procurava saber se Paulo ainda estava vivo.

– Ele ainda está vivo, Ricardo – disse o advogado. – Está muito ferido, mas está vivo. Isso é que é importante agora.

Ricardo volta-se para Felipe, após chamar uma ambulância para o local, e encara seu companheiro, ainda sem poder acreditar em seus olhos.

– Meu Deus! O que terá acontecido com o Paulo? – indignou-se Ricardo. – Eu sabia que não era uma boa ideia, esta! E agora? O que faremos?

– Por enquanto – prosseguiu Felipe –, esperaremos que a ambulância chegue para o resgate. Daremos todo o depoimento aos paramédicos e voltaremos para casa para contarmos ao Dr. Andrada o que aconteceu aqui.

O acidente foi tão grave que uma multidão, ignorando a pesada chuva, começou a se aglomerar no local. Alguns dos membros da igreja que presenciaram o acidente ao longe correram para ver se poderiam prestar algum socorro. Tiago lutava para manter a atenção do povo que estava assustado demais por causa do enorme barulho ocasionado pelo acidente, imaginando o que poderia ter acontecido. Felipe e Ricardo tentavam conter a multidão, abrindo espaço em meio ao povo até que ambulância chegasse.

A ambulância de resgate chegou apressadamente em meio à chuva. Sem muito esforço, tiraram Paulo de dentro do veículo, o qual estava destruído. Imobilizaram-no em cima da maca, colocando-o dentro da ambulância e levaram-no direto ao Hospital São Judas localizado na rua chamada Direita, um dos maiores e mais conceituados hospitais da região. Paulo estava muito ferido, sua condição era crítica e precisava de socorro imediato. Os paramédicos colocaram a máscara de oxigênio para que o pastor pudesse respirar.

♦

O culto terminou e muitas pessoas foram tocadas pela mensagem de Tiago. Jamais haviam ouvido o evangelho sendo pregado daquela forma. O povo estava comovido. Tiago cumprimentou Filipe com um sorriso em seu rosto, pois o culto foi maravilhoso. O pastor local, com lágrimas nos olhos, agradece Tiago e despede-os após dar um forte abraço nos dois amigos.

Durante o caminho de volta para casa, os dois foram conversando sobre o culto e no alívio de que ninguém da parte do Dr. Carlos Andrada os tivesse incomodado.

– Vejo que sua preocupação não teve fundamentos, Filipe – disse Tiago, soltando uma estridente gargalhada de prazer.

Filipe ruborizou-se mediante o comentário de seu grande amigo.

– Ainda assim, não podemos ficar por aí despreocupados, Tiago. Precisamos estar sempre em alerta lembrando que temos a cabeça a prêmio. Lembre-se sempre.

Filipe fez uma pausa momentânea, enquanto caminhavam juntos, deixando certo suspense no ar.

– Estamos desafiando o Dr. Carlos Andrada, o poder religioso da cidade de Damasco e a ambição desmedida de um homem que ostenta seu próprio ego.

Tiago ponderou a advertência de Filipe, pois, no fundo, sabia que eram verdadeiras as palavras de seu jovem amigo e companheiro.

– Prometo guardar suas palavras em meu coração, meu amigo – disse o pastor Tiago, sorrindo para Filipe.

Ambos os homens separaram-se, indo, cada qual, para suas casas, sabendo dos riscos a que estavam submetidos nesta missão.

Capítulo 6

Nova vida em Cristo

Dois dias se passaram desde que Paulo fora levado pelos paramédicos até o Hospital São Judas, na rua chamada Direita. Este era o maior hospital da região e também um dos mais conceituados de todo o país. Quando Paulo é internado na UTI, sua ex-noiva, Helena Tavares, é contatada pela equipe de enfermagem para comparecer ao hospital e assinar todos os documentos necessários para a internação do jovem pastor. Ninguém, ainda, exceto Helena e Dr. Andrada, que fora avisado por seus dois advogados sobre o ocorrido, fazia ideia do que havia acontecido com Paulo. Mesmo grande parte dos membros reunidos no culto daquela noite não soube que, nas proximidades de sua igreja, tamanho acidente, envolvendo alguém tão influente na Igreja Nova Vida, tivesse acontecido.

Entre todos os cristãos que estiveram presentes ao culto do pastor Tiago, na pequena Igreja Nova Vida, no centro da cidade de Damasco, estava o irmão Ananias, um homem simples, de estatura baixa, cabelos já grisalhos, de fala mansa e que apoiava a obra que Deus estava realizando por intermédio de Tiago e seus companheiros.

Sendo já tarde da noite, Ananias estava já deitado em sua cama, em sua humilde casa localizada próximo ao mercado da cidade, quando, de súbito, em uma visão ouviu a voz do SENHOR. Uma voz sempre bem conhecida para o ancião.

– Ananias, Ananias! – dizia a voz do SENHOR.

Ananias desperta do sono, como que puxado para fora da cama.

– Eis me aqui, SENHOR! – respondeu Ananias.

O velho Ananias estava trêmulo, pois a experiência era arrebatadora. O SENHOR lhe disse, então:

– Vá ao Hospital São Judas, na rua chamada Direita, e pergunte por um homem de Tarso chamado Paulo. Ele está em coma; mas, dei-lhe uma visão e ele viu um homem chamado Ananias chegar e impor-lhe as mãos para que voltasse à vida.

Ananias não podia crer que o SENHOR lhe pedira algo assim. Só podia ser um engano. Mediante isso, Ananias decide questionar as ordens de Deus. Talvez não tivesse escutado direito, afinal, já estava um pouco avançado em idade.

– Mas, Senhor, tenho ouvido muita coisa a respeito desse homem e de todo o mal que ele tem feito aos teus santos em Damasco. Ele está aqui com autorização do Dr. Andrada e dos membros do conselho para prender todos os que invocam o teu nome.

A voz do SENHOR respondeu a inquietação de Ananias, deixando o velho contra a parede, totalmente acuado.

– Vá! Este homem é meu instrumento escolhido para levar o meu nome perante os povos e seus governantes, e perante o povo de Damasco. Mostrarei a ele quanto deve sofrer pelo meu nome.

Sem escapatória, sentindo-se coagido por Deus, Ananias levanta-se, veste suas roupas e sai em direção ao Hospital São Judas, na rua chamada Direita. Era já de madrugada.

Era madrugada do terceiro dia, desde que Paulo fora internado na UTI do Hospital São Judas. O estado clínico do paciente era muito delicado. Helena Tavares andava pela recepção do hospital, pela falta de sono. O movimento pelos corredores do hospital estava tranquilo, tudo estava bem calmo, sem muitas ocorrências. Helena sentada em uma poltrona, a fim de ler um pouco, pegou uma revista e começou a folheá-la na busca de alguma distração. Já fazia três dias desde que deixara sua casa, no meio da noite, para ir até o hospital para ficar junto de seu ex-noivo. Desde então não havia voltado. Estava muito cansada, mas sua preocupação fazia com que ficasse para ter alguma notícia de Paulo. No quarto do pastor, as luzes estavam semiapagadas, as enfermeiras e os médicos haviam feito uma última vistoria nos prontuários antes de deixá-lo descansando sossegado. Helena decidiu fazer uma última visita ao leito de Paulo, antes de tentar dormir um pouco. Para seu espanto, ao entrar no quarto percebe uma estranha agitação no leito do pastor. A moça deu um grito quando percebeu que o jovem se convulsionava, contorcendo-se na cama, pulando e se retorcendo todo. O monitor mostrava sinais vitais difusos que a jovem não compreendia muito bem, porém sabia não serem normais. Helena correu pelos corredores, alarmada, pedindo ajuda à enfermeira que estava de plantão. A enfermeira de pronto atendeu aos gritos de socorro da moça e correu até o quarto do pastor. Vendo a cena, chamou a médica que estava no plantão, naquela madrugada. Às pressas, pediu que trouxessem o cardioversor para ser usado.

Quando a médica chegou com o cardioversor, a enfermeira já estava sobre o paciente fazendo-lhe a massagem cardíaca. Estava tentando reanimar o paciente que estava, aos poucos, morrendo. Helena estava angustiada. Não conseguia pensar em mais nada a não ser que alguém pudesse fazer algo para salvar seu ex-noivo.

– Por favor, alguém ajude meu noivo! – disse a moça com a voz embargada.

A médica posicionou-se próximo ao paciente pedindo que a enfermeira se afastasse para que ela pudesse aplicar a carga do cardioversor em cima do paciente. Por um breve instante, a médica hesitou, pois percebera a expressão horrorizada de Helena. A enfermeira retirou Helena do quarto para que pudessem realizar os procedimentos médicos sem se preocupar com o fato de que a moça veria cenas não muito agradáveis. Helena estava chocada. – Usariam mesmo aquela máquina de choques em Paulo? – pensava a garota. – Por que tudo isso estava acontecendo?

A médica ajustou a carga do equipamento para a máxima, contou até três e disparou sobre o peito do paciente que pulou, violentamente, sobre a cama. Todos voltaram sua atenção para o monitor esperando alguma resposta positiva. Nada! A carga do cardioversor foi ajustada novamente pela médica e houve mais um disparo. Paulo pulou mais violentamente ainda, grunhindo e soltando um som horrível pela boca, som este que seria difícil de descrever. A jovem Helena estava sentindo-se mal com tudo isso. Não dormia direito fazia três noites, e agora isso? Saiu andando até uma janela próxima para respirar um pouco, sentindo uma dor no peito quando ouviu, por mais uma vez, o som do cardioversor.

Dessa vez, a médica olhou para o monitor e sentiu um alívio ao ver que Paulo respondera aos estímulos do equipamento. Sua vida fora salva.

– Não se preocupe menina – disse a enfermeira. – Seu noivo está bem agora.

Helena começou a chorar.

♦

O sol começava a raiar, na grande cidade de Damasco, quando um senhor, de baixa estatura, cabelos grisalhos, aparentando uns cinquenta anos de idade, vestido de maneira bem simples, aproximava-se da recepção do Hospital São Judas à procura de um jovem da cidade de Tarso chamado Paulo.

A recepcionista do hospital olhou de maneira assustada, pois não esperava visitas tão cedo. Educadamente pergunta ao homem o seu nome e qual seu parentesco com o jovem Paulo. O homem, prontamente, responde:

– Ananias, e não tenho nenhum grau de parentesco com o rapaz. Apenas estou cumprindo uma ordem, que é vir visitá-lo.

A recepcionista achou a resposta muito suspeita e hesitava em permitir a subida de alguém tão estranho àquela hora do dia. Mordendo os lábios, a moça resolve chamar um segurança para que investigasse a procedência do estranho senhor. Um segurança, bem vestido, alto e portando um rádio de comunicação nas mãos, aproximou-se da recepção, abordando o velho Ananias que resistiu à investida violenta do segurança. Uma grande confusão começou a se formar na recepção do hospital, o que chamou a atenção de algumas pessoas que transitavam pelo local.

– O senhor não tem permissão de permanecer neste lugar – disse o segurança, enquanto segurava firme o braço de Ananias.

Ananias tentava livrar-se do homem que apertava cada vez mais seu frágil braço.

– Solte-me, meu jovem, você não vai entender, mas preciso muito ver o rapaz.

– E por quê? O que você deseja, veio matá-lo desligando os aparelhos? Quem é você?

De repente, Helena Tavares aparece nas proximidades da recepção, sendo avistada por Ananias que rapidamente lhe chama.

– Senhorita Helena, por favor, preciso ver o pastor Paulo.

A jovem senhorita olhou assustada para ver quem a estava chamando. Avistando Ananias, procurou se lembrar de sua pessoa, mas não conseguia se lembrar de já ter visto tal pessoa.

– Senhorita Helena, filha de Marcos Tavares, não é? Sou o irmão Ananias, membro de sua igreja também. Por favor, preciso ver o pastor Paulo urgentemente. Deus me mandou aqui para isso.

O segurança soltou uma risada debochada e estridente ao ouvir o que o velho tinha dito.

– Além de insistente ainda é louco esse homem? Deus o mandou aqui? Por que Ele não te deu o passaporte *vip* para entrar também?

Helena não disse nada, ponderava consigo mesma as palavras do velho Ananias. O que faria? Permitiria que esse desconhecido entrasse ou não?

– Tudo bem, segurança – disse Helena –, pode deixá-lo entrar. Ele é membro da igreja de meu pai e eu o conheço.

O segurança do hospital largou o braço de Ananias, um tanto frustrado. Estava com muita vontade de pôr aquele velho insolente para fora. Ananias retirou com a recepcionista o crachá de identificação que permitiria entrar e andar pelo hospital e seguiu Helena até o quarto de Paulo. Enquanto seguia Helena pelos corredores, Ananias balançava seu crachá, exibindo um largo sorriso, mostrando ao segurança do hospital o passe *vip* que recebera de Deus.

Ambos chegaram ao quarto onde Paulo estava internado. O jovem pastor ainda estava respirando com ajuda de equipamentos de ventilação artificial. Ananias aproximou-se do leito do pastor Paulo colocando as mãos, suavemente, sobre os ombros do jovem. Olhou de soslaio para Helena que o acompanhava apoiando-se sobre os batentes da porta. Ananias, sorrindo-lhe, voltou sua atenção novamente para Paulo, deitado em seu leito, em coma e ligado aos equipamentos de suporte à vida. O velho Ananias não podia crer que estava ali, em pé, diante do homem que havia sido o responsável pela morte de seu amigo, o diácono Estevão, e pelas perseguições que Tiago e seus companheiros vinham sofrendo. Seria tão fácil desligar os equipamentos de suporte à vida, desvencilhar-se de uma mocinha frágil, que já estava abalada demais para reagir, e depois fugir; mas não foi para isso que Deus o havia enviado. Seus sentimentos tinham que ceder lugar à vontade de Deus naquele instante. Por mais doloroso que fosse ajudar alguém que os vinha perseguindo, sabia ser esta a vontade do SENHOR. Ananias, curvando-se sobre o rosto de Paulo e impondo-lhe as mãos, começava a lhe dizer.

– Irmão Paulo – como fora doloroso chamar-lhe irmão –, o Senhor Jesus, que lhe apareceu no caminho por onde você vinha, enviou-me para que você volte à vida e seja cheio do Espírito Santo.

Tendo dito essas palavras, Ananias endireitou-se e firmou seus passos, dando uma última olhada no rosto enfaixado do pastor e saiu. Agradeceu a gentileza de Helena cumprimentando-a e seguiu seu caminho de volta para sua casa. Não percebera nada de mais naquela simples oração que fizera, mas fez o que o SENHOR lhe ordenara, disso ele sabia.

♦

Enquanto estava vivendo longe de Damasco, Pedro, junto com João e Silas, andava por toda parte pregando a Jesus e anunciando o evangelho de salvação dos pecados. Passando por toda a região da Galileia, Pedro desceu até a região de Lida, a fim de visitar alguns irmãos que por lá viviam. Chegando à Lida, Pedro entrou na casa de um cristão antigo na Igreja Nova Vida, chamado Eneias, o qual era paralítico há oito anos, desde que sofrera um acidente de trabalho, impossibilitando-o de trabalhar.

Pedro foi convidado pela família de Eneias, pois eram pessoas muito boas que gostavam muito de ver o pastor Pedro pregando. Foi então que, durante a conversa entre os membros da família de Eneias e Pedro, este mesmo sentiu um impulso muito forte no espírito e olhando fixamente para o dono da casa, deitado em sua cama, disse-lhe:

– Eneias, Jesus Cristo vai curá-lo! Levante-se e arrume a sua cama.

O espanto foi geral na casa de Eneias. Todos olharam para Pedro, estarrecidos, pois o pastor falou com muita seriedade e ousadia. Eneias já havia sido desenganado pelos médicos, por várias vezes, que diziam que nunca mais andaria. Pedro esperava confiante uma resposta de Eneias, que o olhava espantado.

De repente, Eneias, tomando coragem, começa a se movimentar sobre a cama. Todos se voltaram para ele observando atentamente para saber o que aconteceria. O velho Eneias sentiu fortalecer suas pernas. Pedro exibia um largo sorriso, estendendo-lhe as mãos para ajudá-lo a se levantar. Todos estavam perplexos e atônitos. Seria possível que um milagre aconteceria naquele momento e lugar?

Os olhos do velho Eneias começavam a lacrimejar diante da possibilidade de andar novamente. De súbito, de um salto, Eneias levantou-se se firmando sobre seus pés, andando e saltando pela casa. Tão grande foi o alvoroço causado que multidões começavam a aglomerar-se em frente à casa de Eneias. Todos os que moravam na província de Lida e Sarona, quando o viram, converteram-se ao SENHOR.

♦

A cidade de Jope era uma região célebre conhecida por ser uma região portuária. Uma pequena cidade que sobrevivia da pesca e comércio de produtos marítimos. Era um lugar muito conhecido por Pedro e João, pois ambos trabalharam com a pesca durante muitos anos, antes de ingressarem no ministério da Igreja Nova Vida. Nesta cidade havia uma pequena congregação da igreja, onde João foi presbítero dirigente durante um período de cinco anos, antes de ir com Pedro para a região de Damasco. Ali havia uma senhora cristã de nome Tabita, conhecida desde sua infância como Dorcas. Era uma senhora forte, gentil e amável que servia ao SENHOR, dando esmolas e praticando sempre boas obras para com o próximo. Era alguém que tinha a simpatia de toda a comunidade, tanto cristã como não cristã.

Há muito tempo, essa senhora vinha lutando contra uma doença degenerativa que estava debilitando sua saúde aos poucos. Já havia gasto muito dinheiro, advindo de seu trabalho como costureira – fazia vestidos e consertos de roupas para todos os habitantes de Jope –, sem com isso conseguir obter um resultado satisfatório para sua saúde.

Chegado determinado tempo, essa senhora veio a falecer, trazendo muita tristeza aos seus conterrâneos que, depois do resultado do atestado de óbito, levaram-na para sua casa a fim de velarem o corpo antes do enterro.

O pastor local da cidade de Jope, tomando ciência de que Pedro estava próximo, na região de Lida, pois esta ficava próximo a Jope, mandou que o chamassem para que pudesse presidir o culto fúnebre em honra daquela mulher que tanto se dedicara pela causa do próximo.

Pedro estava hospedado na casa de um velho amigo seu conhecido como Simão, o curtidor, pois este trabalhava com a arte de curtir o couro dos móveis. Pedro estava na região de Lida e Jope, quando dois homens da parte do pastor local chegaram e trouxeram-lhe uma mensagem.

– Pastor Pedro! – exclamou um dos homens. – Não se demore a vir até nós para o culto fúnebre de nossa irmã Tabita.

Os dois homens explicaram-lhe o ocorrido, para tristeza de Pedro que conhecia de longa data aquela boa senhora. A tarde estava ensolarada e quente quando Pedro acompanhou os dois homens. Pedro podia perceber a tristeza que o luto pela morte de Tabita trouxe à cidade. Por ser uma comunidade simples e pequena, todos os habitantes da cidade conheciam-na. O comércio havia parado. Mercados e lojas haviam baixado suas portas. Todos os habitantes haviam se dirigido para o velório de Tabita, que seria realizado no andar superior de sua humilde casa.

Já era o início da noite quando Pedro chegou acompanhado pelos dois mensageiros da igreja local. Assim que chegou, Pedro foi conduzido ao andar superior da casa de Dorcas, que estava cheio com todas as senhoras e moças da cidade, as quais exibiam, entre lágrimas, todos os vestidos e serviços de costura que, em vida, ela lhes fizera. Pedro encontrara, no meio das senhoras, o pastor local da cidade, o qual, com um forte abraço, cumprimentou-o. Sentindo-se incomodado com aquela situação embaraçosa, Pedro pediu que alguém retirasse todas as pessoas do aposento e o deixasse sozinho com a mulher morta, deitada em sua cama. Ajoelhando-se aos pés da cama, Pedro orou a Deus e depois, voltando-se para a mulher morta, disse: – Tabita, levante-se!

Ao dizer-lhe essas palavras, a mulher abriu seus olhos, fixando-os nos de Pedro. O pastor, estendendo-lhe as mãos, ajudou-a a ficar de pé. Chamando então todos os irmãos e senhoras da cidade, apresentou-lhes a mulher viva para espanto de todos na cidade!

Tal fato tornou-se conhecido por toda cidade de Jope rapidamente, e todos creram na pregação de Pedro, por causa deste milagre. Pedro voltou então para a casa de seu amigo, Simão, o curtidor, onde permaneceu por algum tempo.

♦

Dois dias haviam se passado desde que Ananias fora visitar Paulo no Hospital São Judas. A agitação era grande no maior hospital da cidade, pois para espanto de muitos, inclusive dos médicos que o desacreditaram, Paulo estava perfeitamente bem, como se nunca tivesse sofrido nada. Um verdadeiro milagre ocorrera em sua vida. Milagre este que Paulo reconhecia como obra de Deus. Era de tarde quando o pastor tivera alta médica e estava pronto para voltar para casa.

Durante o tempo que esteve no hospital, Paulo pensou sobre tudo que havia lhe ocorrido. Era certo que toda sua vida, até agora, fora um tremendo engano, uma mentira. Um peso em sua consciência lhe era causado, pois se viu realmente lutando contra Deus. Precisava de tempo agora, de um momento só para si, para repensar toda a sua vida, até agora, e todas as suas motivações. Começou a lembrar-se das palavras do testemunho de Estêvão, o corajoso diácono que deu sua vida em favor do evangelho. Como esteve enganado, como esteve tão cego! Assim pensava o jovem pastor.

Parado em frente à porta do hospital esperava um táxi que o levasse à sua casa, quando Helena Tavares, sua ex-noiva, chegou. Com um vestido claro, luvas de seda nas mãos e um sorriso nos lábios, a moça aproximou-se a fim de levar o rapaz para casa em seu carro, uma novíssima Mercedes.

– Oi, Paulo – dizia a moça balançando os lindos cabelos loiros. – Você está melhor hoje?

– Estou melhor, sim, Helena. Agradeço por ter ficado todo este tempo ao meu lado.

A moça ruborizou-se, sorrindo-lhe e colocando as mãos sobre o rosto.

– Não foi nada, Paulo. Vim até aqui para levá-lo para casa, afinal está sem seu carro, não é mesmo?

Paulo sorriu-lhe e recusou a oferta da moça. Uma vez que não tinham mais compromisso um com o outro, não seria certo continuar alimentando falsas esperanças no coração da jovem. Isso não seria justo para com a moça. Assim pensava Paulo.

– Mas então, pra onde você pensa ir agora Paulo? – questionou a moça, sentindo-se um tanto frustrada.

Paulo olhou para a estrada da cidade de Damasco, sentindo um aperto no peito. Havia tantas coisas a fazer, tanto a pensar, tantos erros a reparar, que nem mesmo sabia por onde começar. Por um instante seus olhos contemplaram o nada, estava absorto em seus pensamentos, perdido sem saber ao certo o que seria de sua vida daquele momento em diante. Voltou-se para Helena que aguardava em silêncio por uma resposta.

– Eu ainda não sei, Helena. Tudo o que sei é que preciso de um tempo para refletir. Muita coisa aconteceu em minha vida nesses últimos dias. Preciso repensar tudo isso.

Despedindo-se de Helena, Paulo entrou no táxi e partiu para sua casa. Nunca mais os dois voltariam a se ver novamente. Era nisso que Helena acreditava.

♦

Chegada a noite, uma reunião de oração estava se iniciando na pequena igreja onde outrora Tiago esteve pregando exatamente no dia em que Paulo sofreu o grande acidente que o levou ao hospital. O pastor local estava conduzindo a oração quando, de repente, Paulo entra no meio do culto de oração. Por questão de respeito à pessoa de Paulo, o pastor deu-lhe a oportunidade de falar algumas palavras. O pastor não era muito simpático a Paulo, pois era um dos que secretamente opunha-se à construção do novo templo.

Logo que Paulo começou a pregar na igreja, começou a falar ao povo que Jesus é o filho de Deus. Todos os que o ouviam ficaram perplexos e perguntaram-se entre si:

– Não é ele o homem que procurava destruir em Damasco aqueles que pregavam este nome? E não veio para cá justamente para levá-los presos aos membros do conselho?

O povo estava confuso. Não entendia o que poderia ter causado tal mudança de pensamento no pastor titular. Há apenas uma semana, esse homem estava determinado a destruir a rebelião contra o Dr. Andrada e a Igreja Nova Vida. E agora, cá estava ele, pregando contra a corrupção da igreja!? E mais, onde estava aquele Paulo que sempre se vestia de maneira tão fina e elegante? Lá estava Paulo, pregando um evangelho puro e simples, trajando-se de forma simples, também, com uma calça *jeans*, camisa polo e sapatos. Paulo sentiu-se mais à vontade para comunicar o evangelho dessa maneira. Dessa forma, não se sentia tão distante dos demais irmãos, que eram pessoas simples. Quanto mais o povo ficava confuso, quanto ao ocorrido ao jovem pastor, mais ele se fortalecia e confundia os cristãos da Igreja Nova Vida.

♦

Passados alguns dias, os homens do Dr. Andrada souberam sobre a mudança de Paulo. Chegou aos ouvidos de Andrada que Paulo havia passado para o lado dos hereges, o que muito enfureceu o velho pastor.

– Não acredito que aquele miserável tenha me traído! – disse Andrada, dando um soco forte e seco contra sua mesa.

Todos os que estavam reunidos em seu gabinete ficaram horrorizados. Jamais viram Andrada tão furioso antes, nem mesmo com a notícia de que havia hereges e traidores em sua igreja. Isso realmente o havia frustrado. Não imaginava que Paulo pudesse ser capaz de traí-lo, pois havia apostado alto no jovem.

– Vejo que terei de executar a outra parte do plano, senhores – disse o velho pastor.

Todos os membros do conselho que estavam presentes se entreolharam confusos. Tinham receio de perguntar-lhe o que significavam aquelas palavras. Andrada fitou-os nos olhos e passou a explicar-lhes o que tinha em mente.

– Desde o princípio, eu não confiava, de todo, naquele rapaz. Só não imaginei que ele fosse me trair – Andrada falava enquanto tinha a atenção de todos os membros do conselho. – Quando o chamei foi exatamente por que precisava de alguém para encabeçar uma obra que, sabia, a polícia federal estava investigando.

Todos arregalaram os olhos quando ouviram tais palavras do malévolo pastor.

– A qualquer momento, o governo federal poderia caçar o homem que estivesse na frente de um empreendimento que usava dinheiro de forma ilícita. Disso, todos os senhores sabem, não é mesmo? Paulo era minha isca. Se alguém fosse ser preso por acusação de lavagem de dinheiro e coisas, este seria Paulo. Não deixaria que algum dos meus amigos e companheiros de longa data fosse prejudicado. Precisava de um bode expiatório!

O clima no gabinete pastoral de Andrada estava um tanto tenso. Podia-se ouvir um alfinete caindo no chão, tamanho o silêncio que se fazia. Andrada então lançou a sorte de Paulo e todos, de comum acordo, aceitaram.

– Paulo precisa morrer! – esbravejou o pastor. – Ninguém poderá ficar no meu caminho. Todo aquele que se colocar contra mim precisa ser detido. Não tolerarei que ninguém me traia.

Dizendo essas palavras, Andrada encerra a reunião despedindo-se dos membros do conselho. Todos saíram da sala pastoral e foram, cada qual, para suas casas. Andrada colocou-se a pensar. Reclinado em sua cadeira contemplava pela janela o templo que estava por ser inaugurado.

♦

Tendo terminada a reunião de oração, o povo estava maravilhado com as palavras de Paulo, pois, corajosamente, defendera a verdade do evangelho e pregara contra as injustiças e abusos cometidos contra o povo de Deus da Igreja Nova Vida. Os irmãos da pequena congregação em Damasco juntos persuadiram Paulo a sair da cidade, pois lhe era muito perigoso continuar andando por ali. Com certeza, os homens de Andrada já sabiam sobre o ocorrido e não aceitariam tão fácil a ideia de que agora Paulo pregasse uma mensagem tão ofensiva contra a igreja. De comum acordo, Paulo decide sair da cidade de Damasco e partir para a Arábia. Lá viveria recluso e poderia tirar um tempo só consigo mesmo para poder refletir melhor sobre tudo o que lhe havia acontecido desde o dia do acidente.

À noite, os irmãos lhe conduziram de carro às portas da cidade por onde Paulo pôde fugir às escondidas. Por quanto tempo permaneceria fugido, Paulo ainda não sabia, mas de uma coisa ele sabia: precisava se esconder dos homens de Andrada. Enquanto fugia da cidade, pensamentos lhe vinham à mente. Tudo, desde que saíra do seminário Palavra e Fé até o dia de sua busca por Tiago e seus companheiros, que teria culminado em sua transformação radical. De uma coisa ele tinha certeza: ele vira o SENHOR, que o tratou com muito amor e ternura, um amor sem igual. Foi uma visão arrebatadora que o confrontara na estrada de Damasco. Como se sentia indigno e pequeno diante de tanta graça! Quão miserável se sentia!

Perseguira os seguidores de Cristo e participara do julgamento e da morte de um verdadeiro santo: Estevão. Se ao menos tivesse escutado Helena... De fato, estivera lutando contra Deus, e como isso lhe pesava nos ombros. Lá estava um homem que tinha um futuro brilhante diante dos homens, mas que diante de Deus estava jogado no lamaçal do pecado. Nisso Paulo estava determinado: proclamar o evangelho da graça de Deus mediante a pessoa de Cristo. Para isso, precisaria de tempo para pensar e colocar todas as coisas em seu devido lugar.

◆

Próximo à região da Galileia, havia uma grande cidade portuária chamada Cesareia. Essa cidade era muito conhecida por ser a grande exportadora de recursos marítimos de toda a região da Galileia. Todos os recursos alimentícios e de insumos eram encontrados por lá. Por ser uma grande rota de comércio marítimo era, também, o local de pessoas inescrupulosas que exploravam o comércio sexual com as grandes casas de prostituição para todo e qualquer viajante. Essa era uma região totalmente entregue à depravação e à imoralidade. Era um local de difícil entrada do evangelho, pois o povo de Cesareia não queria saber de nada mais que não fosse aproveitar a vida e se prostituir com as meretrizes locais. A Igreja Nova Vida não tinha uma congregação naquela localidade por conta da total depravação moral dos viajantes de lá.

Dentre todos os homens que ganhavam a vida com a exploração sexual de mulheres, estava um homem chamado Cornélio, com ascendência italiana. Apesar de sua vida de imoralidades, esse homem e toda sua família eram pessoas boas e que temiam a Deus. Dava muitas esmolas aos mais necessitados e, sentindo-se vazio por dentro, orava sempre a Deus, pois reconhecia que, apesar de estar nesse ramo da prostituição há tanto tempo, não se sentia feliz ou realizado com tal trabalho. A vida era-lhe vazia, sem sentido nem significado. Várias foram as vezes em que pensou em acabar com sua própria vida, pois não via por que estar vivendo. Cornélio era um homem alto, forte, com mais tatuagens pelo corpo do que dentes em sua boca. Sua fama era de um cara arrogante, mas de bom coração, que ajudava a qualquer um que precisava. Estava sempre muito bem trajado, com roupas esportivas, óculos de sol no rosto, cabelos bem aparados. Não era o tipo de companhia que qualquer pessoa direita quisesse ter ao seu lado. Era um típico marginal da sociedade.

Em certa ocasião, enquanto estava em sua casa, perdido em seus pensamentos, de súbito teve uma visão. Viu claramente quando um anjo de Deus se aproximou dele e com ele falou. A aparição era, por demais, assustadora, pois vira em sua frente um homem com roupas resplandecentes, muito alto e com uma aparência imponente.

– Cornélio! – dizia o anjo.

Atemorizado, Cornélio não teve outra reação a não ser responder ao anjo. Jamais tinha visto aparição mais fantástica em toda sua vida. Suas pernas ficaram trêmulas, sua garganta secou e começou a transpirar sem parar.

– Que é, Senhor? – Cornélio sentiu que sua pergunta foi um tanto impensada, poderia ter elaborado melhor seu discurso.

Olhando fixamente para Cornélio, o anjo aproximou-se mais e lhe respondeu.

– Suas orações e esmolas subiram como oferta memorial diante de Deus. Agora, mande alguns homens a Jope para que tragam um homem chamado Pedro, que está hospedado na casa de Simão, o curtidor de couro, que fica perto do mar.

Tendo dito essas palavras o anjo se foi, sumindo no meio do nada. Cornélio caiu por terra, prostrado sobre seu rosto, sentindo-se humilhado e indigno da tal experiência. Levantando-se correu ao telefone e ligou para alguns comparsas seus que prontamente lhe atenderam. Pediu que fossem três pessoas até o local indicado pela visão para procurar pelo pastor Pedro.

– Um pastor, Cornélio? – disse um dos comparsas. – Você ficou louco?

Cornélio não estava a fim de perder mais tempo. Instou novamente para que os homens fossem atrás de Pedro.

– Façam o que estou lhes mandando, senão acabo com a raça de todos vocês!

Os homens temeram. Sabiam que, apesar de ter um bom coração, Cornélio podia agir de forma cruel quando estava irritado ou contrariado. Os três homens dirigiram-se então apressadamente à casa de Simão, o curtidor, em busca de um homem conhecido como Pedro.

♦

Naquela mesma tarde, enquanto os homens de Cornélio se aproximavam da Casa de Simão, Pedro estava orando como costumeiramente fazia. Após passar alguns momentos em oração, Pedro sentiu fome, pois estava próxima a hora do almoço. Ainda levaria algum tempo para que a esposa de Simão terminasse de aprontar a refeição, por isso Pedro permaneceu orando até que pudesse descer do quarto superior para almoçar. Uma sensação estranha começou a percorrer-lhe o corpo. Pedro sentia-se exausto e começou a sentir uma dormência estranha. Por um instante, pensou estar assim por causa de uma gripe ou alguma outra doença parecida. Não podendo mais conter-se em pé, caiu ajoelhado, enquanto sobrevinha-lhe uma visão em êxtase.

Nessa visão, Pedro via claramente quando uma grande mesa de um restaurante estava posta em sua frente, servida por toda sorte de animais imundos, quadrúpedes, répteis e aves dos céus. Ao ver tal cena, Pedro sentiu-se enojado, pois a cena era muito repugnante. Então, uma voz começou a falar-lhe.

– Pedro, sente-se à mesa, sirva seu prato e coma.

Pedro não podia acreditar em seus próprios ouvidos. Não, só poderia ser um engano de sua parte, comer aquilo?

– Não mesmo, SENHOR! Comer isso? Jamais! Nunca comi, nem mesmo quando servia as forças armadas, coisa mais nojenta e repugnante assim.

Em resposta a Pedro, a voz retumbou-lhe fortemente no fundo da alma.

– Pedro! Não chame de repugnante e nojento o que Deus purificou!

Purificou todas aquelas iguarias esquisitas? Só podia ser brincadeira! A visão terminou e Pedro sentiu-se fortalecido novamente. Enquanto ponderava sobre qual seria o significado daquela visão, três homens começaram a gritar e chamar no portão da casa de Simão. O dono da casa saiu para ver quem era quando de um susto viu as três figuras paradas em frente ao seu portão. Os três enviados de Cornélio procuravam por Pedro, e o porta-voz dos três, trajando uma calça *jeans* rasgada pelos joelhos, chinelos nos dedos, camisa regata, com brincos, cabelos rastafári e *piercings* pelo corpo, tomou a palavra explicando por que vieram.

– O quê? Cornélio? – perguntou Simão desnorteado. – O dono daquele prostíbulo da cidade? O que ele deseja com meu hóspede?

– Disso não sabemos – respondeu o rapaz de rastafári. – Só podemos dizer que ele deseja muito ver esse tal pastor.

Pedro ainda estava a pensar na visão, enquanto acontecia toda a confusão no salão debaixo. De repente, uma voz lhe falou ao coração.

– Pedro, três homens estão procurando por você. Portanto, levante-se e desça. Não hesite em ir com eles, pois eu os enviei.

No portão da casa, a confusão continuava, pois Simão não queria deixar que os homens entrassem para levar seu amigo. Os três homens começavam a querer usar a força para entrar, quando Pedro, descendo as escadas e percebendo todo alvoroço, aproximou-se.

– Eu sou o homem a quem vocês estão procurando. Por quais motivos vieram?

Os três homens fitaram Pedro enquanto este descia as escadas do andar superior. Então era este o homem que seu chefe tanto queria ver? Não havia nada de especial em um homem de estatura média, um pouquinho acima do peso, cabelos grisalhos e aparentando uns cinquenta anos de idade. Os três não conseguiam compreender o motivo pelo qual aquele homem era necessário.

–Viemos da parte de Cornélio, nosso chefe – disse o rapaz de cabelos rastafári, uma pessoa amável e respeitada em toda a Cesareia. – O dono da principal e maior casa de prostituição da cidade toda. Ele mandou que o buscássemos para você conversar com ele, pois um santo anjo lhe apareceu, como disse-nos ele.

Ainda um pouco desconfiado, Pedro convida os três para entrarem, enquanto ele se aprontava para acompanhá-los. Os três homens, para espanto de Simão, acomodaram-se no sofá da casa. Nunca antes três indivíduos tão estranhos haviam entrado em sua casa, e isso lhe foi um choque. O pastor Pedro aprontou-se, arrumando tudo o que seria necessário para a visita e, despedindo-se de Simão e sua família, seguiu os homens.

Todos na cidade olhavam admirados, não acreditando que Pedro pudesse estar acompanhando homens de tão má reputação. Uma cena escandalosa e revoltante. Pedro ia, por todo o caminho, de cabeça baixa, pois sabia que era alvo de piadas e dos piores comentários possíveis, mas era essa a vontade do SENHOR.

◆

A noite estava caindo quando Pedro e os homens de Cornélio estavam chegando próximo à casa do chefe da maior casa de prostituição de toda a Cesareia. Cornélio havia reunido toda a sua família em sua casa esperando ansiosamente pela chegada do pastor. Muitas pessoas lotavam a grande casa de Cornélio. Eram pessoas da índole mais baixa e depravada de toda região. Muitas prostitutas e garotos de programa foram também convidados para ouvirem o homem que cativara o coração de seu chefe daquela maneira. A agitação e a movimentação no interior da casa eram percebidas por todos vizinhos de Cornélio. O anfitrião supervisionava pessoalmente os preparativos para a recepção do homem de Deus que logo chegaria. Ele estava por demais nervoso, esbravejando e praguejando contra todos pela ansiedade que tomara conta de si.

Uma prostituta, que estivera à porta, de repente, anuncia a chegada de quatro pessoas, sendo os três agentes de Cornélio junto com Pedro. Cornélio não conseguia esconder a alegria pelo fato de o homem não ter recusado seu convite para entrar em sua casa. Correndo em direção à porta, Cornélio aproximou-se de Pedro prostrando-se aos pés do pastor e adorou-o. Pedro admirou-se com a cena, e totalmente desconcertado, olhando ao redor, percebeu que todos os convidados estavam fitando-o, o que deixou o pastor mais desconfortável. Pedro, estendendo-lhe as mãos, fez com que ele levantasse.

– Levante-se, rapaz, eu sou um homem comum e normal como você!

Ao levantá-lo, Pedro, cumprimentando-o, foi conduzido ao interior da casa onde percebeu que muitas pessoas estavam reunidas. O ambiente estava um pouco carregado na casa de Cornélio, pois havia pessoas de toda espécie: prostitutas, garotos de programa, ladrões, bêbados e diversos párias da sociedade. O pastor caminhava em meio a pessoas seminuas que se insinuavam umas pras outras num verdadeiro espetáculo de libertinagem e orgias. Pedro sentia-se enojado ao ver tais cenas, pois jamais se imaginou contemplando tanta sujeira e prostituição em sua vida. Cornélio conduziu Pedro ao salão principal de sua casa, uma ampla sala de estar enfeitada com várias obras de arte por toda parte. Era uma cena maravilhosa a casa de Cornélio. Posicionando-se no centro da sala, tendo os olhos de várias pessoas fitando-o, Pedro aguardava em silêncio até que todos se acomodassem em cadeiras, sofás e alguns pelo chão mesmo. Cornélio acomodou-se relaxadamente em seu sofá, tendo duas prostitutas, uma de cada lado, abraçando-o. Um sorriso radiante e um brilho nos olhos faziam-se perceber em Cornélio, que aguardava ansioso pelo discurso de Pedro. O pastor preparou-se para falar quando percebeu uma carência tamanha no semblante de todas aquelas pessoas, e como estavam perdidas sem conhecer o Salvador.

Começou então a falar.

– Vocês, bem sabem que não é conveniente a um pastor, um homem de Deus, entrar em um local como este que agora estou. Mas, Deus me mostrou que eu não deveria jamais chamar de repugnante e nojento homem nenhum.

Com essas palavras, Pedro captara a atenção de toda plateia. Não sabiam por que, mas algo naquele pastor de meia idade e de falar do interior lhes havia prendido a atenção. Pedro continuava com seu discurso:

– Por essa razão, quando fui procurado, vim sem qualquer objeção. Poderia perguntar agora, por que vocês me mandaram buscar?

Inclinando-se para frente, Cornélio, que mantinha o olhar fito em Pedro, começou a discorrer sobre qual o motivo daquela reunião.

– Há algum tempo, pastor, tenho feito algumas orações a Deus, pois venho sentindo-me vazio por dentro, não conseguindo encontrar felicidade em nada desta vida. As drogas, o álcool e o sexo não satisfazem este vazio que existe em minha alma, então precisava encontrar algum refúgio para esta solidão.

O espanto e a admiração tomaram conta de todos os presentes, e todos os conhecidos e familiares de Cornélio se emocionavam ao ouvir a história de seu amigo. Ele sempre se mostrou alguém tão forte, tão seguro de si, mas naquele momento derramava-se em lágrimas, enquanto compartilhava, com um completo estranho, as mazelas de sua vida miserável.

Pedro ouvia tudo atentamente, procurando entender cada palavra que seu anfitrião lhe dizia.

– Tentei de tudo, pastor, para livrar-me de toda esta angústia que me consumia por dentro. Busquei auxílio em todo tipo de atividade. Dava esmolas, ajudando aos mais necessitados, para ver se esta ânsia de minha alma seria preenchida, mas nada dava certo. Quanto mais eu tentava, mais este vazio parecia crescer.

Lágrimas e soluços faziam-se ouvir por toda a casa. A multidão estava comovida com a história de Cornélio que, entre lágrimas, pedia ajuda ao pastor. Pedro começava a entender qual o motivo da visão que tivera.

Em outras circunstâncias, não teria entrado naquele lugar e aquela multidão continuaria perdida, sem conhecer a Cristo.

– Esta mesma manhã, enquanto orava a Deus, um resplendor dos céus se manifestou a mim. De repente, colocou-se diante de mim um santo anjo, vestindo roupas resplandecentes que falava comigo e me dizia: – "Cornélio, suas orações e esmolas subiram como oferta memorial diante de Deus. Agora, mande alguns homens a Jope para trazerem um homem chamado Pedro, que está hospedado na casa de Simão, o curtidor de couro, que fica perto do mar".

– Por esta mesma razão é que mandei chamá-lo, e como me alegro de que tenha aceitado meu convite. Agora, não perca mais tempo. Estamos todos reunidos aqui para ouvir tudo o que o SENHOR mandou que nos dissesse.

Atônito e perplexo, Pedro ouviu tudo o que Cornélio lhe dissera. Já ouvira sobre a má reputação que aquela cidade tinha no que diz respeito à prostituição. E agora, lá estava o maior de todos os donos de casa de prostituição, derramando seu coração, ansiando por Cristo Jesus. Isso era por demais incrível. Olhando ao redor, não via um que não estivesse com o coração quebrantado e pronto para receber o evangelho.

Nova vida em Cristo

Emocionado, Pedro começou a lhes falar:

– Agora percebo perfeitamente que Deus não trata a ninguém com parcialidade, antes, trata a todos como iguais, merecedores de sua misericórdia, aceitando a todo aquele que o teme e faz o que é justo.

Os olhos de Cornélio brilharam ao ouvir essas palavras. Entre lágrimas ouvia atentamente as palavras de Pedro, que falava com muita ousadia e eloquência.

– Creio que todos vocês conhecem a mensagem de Deus, enviada a todos os povos da terra, que fala de boas novas de paz por meio de Cristo Jesus, SENHOR de todos. Todos nós merecíamos a ira de Deus, pois pecamos e desobedecemos deliberadamente a palavra de Deus, porém, em sua misericórdia, Ele nos enviou Cristo Jesus que morreu em nosso lugar, sendo crucificado por nossos pecados. Deus, porém, o ressuscitou no terceiro dia e fez que ele fosse visto, não por todo o povo, mas por testemunhas que designara de antemão.

O povo havia sentido o impacto da pregação. Todos estavam boquiabertos e não conseguiam desviar a atenção do pastor. Cornélio agarrara-se com tanta força ao sofá que os nós de seus dedos ficaram brancos. Jamais havia ouvido alguém falar como Pedro. E que mensagem era aquela? Como podia alguém ter morrido em seu lugar? E mais, ele ainda ressuscitou? Lágrimas percorriam-lhe a face enquanto ouvia a mensagem do evangelho. Sentia-se leve, em paz, e a angústia parecia ter se esvaído de sua alma. No lugar dela uma alegria preenchia-lhe o coração. Precisava desse Cristo que por Pedro lhe era pregado.

– Ele nos mandou pregar ao povo e testemunhar que foi a ele que Deus constituiu juiz de vivos e de mortos. Todos os profetas dão testemunho dele, de que todo o que nele crê recebe o perdão dos pecados mediante o seu nome.

Ao ouvir essas palavras, toda casa de Cornélio, em prantos, humilhou-se e prostrou-se de joelhos, rosto em terra. Todos choravam muito. Nesse momento, alguns cristãos que foram visitar Pedro na casa de Simão, chegaram à casa de Cornélio a tempo de verem todos se arrependerem de seus pecados e entregarem suas vidas a Cristo Jesus.

Isso foi motivo de assombro para eles que conheciam aquelas pessoas e que sabiam da sua má fama. Voltando-se para eles, Pedro lhes falou:

– Posso eu recusar a água a essas pessoas que se arrependeram e que também entregaram suas vidas a Cristo, convertendo-se de todo seu coração? Eles se arrependeram de verdade!

No dia seguinte, toda a casa de Cornélio foi batizada e iniciou-se a primeira Igreja cristã da cidade de Cesareia, na casa de Cornélio. Os novos convertidos pediram que Pedro ficasse com eles por alguns dias, o que o pastor aceitou de muito bom grado.

Capítulo 7

O avanço do evangelho

Um mês depois...

A notícia da conversão de Cornélio havia chegado até a cidade de Damasco. Tiago e Filipe souberam que lá Pedro e os demais haviam iniciado a primeira igreja cristã de Cesareia. Todos os cristãos receberam a notícia com espanto, pois esta chegou-lhes distorcida. Ficaram sabendo que Pedro se associara aos párias da sociedade e entrara numa casa de prostituição, e isso foi motivo de escândalo para toda a comunidade cristã de Damasco. Tiago, como líder da igreja, resolveu chamar Pedro de volta a Damasco para que pudesse se explicar, afinal o fato de iniciar uma congregação não era desculpa para entrar em um lugar de imoralidade e vergonha para o evangelho.

Os cristãos da parte de Tiago censuravam a atitude de Pedro, pois essa era uma atitude reprovável. Imaginavam o escândalo que seria para a igreja um de seus representantes ter participado de algo tão imoral quanto comer e beber com pecadores da pior espécie.

Enquanto ainda estava na cidade de Cesareia, Pedro recebeu o comunicado de que deveria retornar a Damasco. O telegrama não lhe era muito claro quanto ao motivo, apenas lhe dizia: *"Retorne imediatamente. Precisamos esclarecer alguns mal-entendidos. Tiago."*

Começou a pensar se não seria algum problema quanto à perseguição de Andrada e seus homens. Pedro procurou tranquilizar-se e não pensar em nenhuma hipótese sem ter certeza dos fatos. Após ler o telegrama de Tiago, despediu-se dos irmãos e retornou a Damasco com João e Silas que tanto o ajudaram na edificação e no ensino de mais uma igreja.

– Qual o motivo que levou Tiago a convocar você, Pedro? – perguntou João.

– Não faço ideia, João. Tudo o que sei é que a situação parece ser delicada, algum mal-entendido deve ter acontecido.

Enquanto viajavam de metrô, procuravam refletir um pouco sobre tudo o que acontecera desde que chegaram a Galileia. Todos os milagres, as conversões, os irmãos que tiveram sua fé confirmada, a primeira igreja cristã na casa de um homem imoral que se convertera a Cristo... sem dúvidas, Deus estava abençoando o ministério deles.

Assim que chegaram a Damasco, os três homens desembarcaram do metrô e foram para a casa de Tiago, onde todos os irmãos os esperavam. Estavam reunidos Tiago e Filipe, Barnabé com João Marcos e os demais irmãos que eram simpáticos à causa de Cristo Jesus. Todos haviam marcado uma reunião com Pedro na casa de Tiago, onde discutiriam uma questão muito importante e delicada.

Assim que Pedro chegou à casa de Tiago foi saudado com um misto de alegria e preocupação, e isso era facilmente perceptível nos semblantes. Pedro sentiu-se um tanto desconfortável com a recepção por parte dos irmãos que o olhavam com certa desconfiança. Tiago acomodou Pedro em um sofá, em sua sala, onde costumavam realizar as reuniões do grupo. Todos os irmãos rodearam Pedro e

Tiago que, sentados, iniciaram a conversa num tom constrangedor. Um dos irmãos, tomando a palavra, iniciou a discussão a respeito do motivo pelo qual o pastor Pedro fora chamado.

– Pastor Pedro – começou a criticar o irmão. – Nós ficamos sabendo de algumas histórias no mínimo estranhas e gostaríamos que o senhor nos explicasse.

Sentindo-se confuso e surpreso, Pedro fitou todos à volta e percebeu a mesma preocupação em Tiago e no semblante de cada um. Todos os irmãos amavam muito Pedro, sabiam quanto ele já se sacrificara em nome do evangelho e não podiam permitir que ele se perdesse dessa forma.

– Fiz algo de errado? – perguntou-lhes Pedro, na defensiva. – Até onde sei, tenho procurado andar de acordo com o evangelho de Jesus Cristo e levá-lo a qualquer pessoa que deseje ouvi-lo. Cada um aqui conhece meu proceder. O que pode ser tão estranho assim?

Todos na sala se entreolharam, um tanto tensos e preocupados. O silêncio que se fez era perturbador. Até que o irmão, que começou a falar, tomou novamente a palavra.

– Você entrou na casa de homens imorais e comeu com eles.

Pedro entendeu agora o motivo que fez com que fosse chamado tão urgentemente. Um terrível mal-entendido realmente havia sido criado. Sentiu-se perplexo. Franzindo a testa e encarando cada um dos irmãos, pôde finalmente entender o motivo de tanta preocupação da igreja. Procurando não demonstrar tanto nervosismo e endireitando-se melhor no assento, começou a defender-se das acusações e explicar-lhes exatamente como tudo havia acontecido.

– Meus queridos irmãos, ouçam-me, por favor! – disse Pedro. – Por certo um terrível engano está acontecendo aqui, pois nada fiz de errado quanto às coisas de que hoje me acusam. Deixe-me lhes explicar o que realmente aconteceu.

Tiago estava sentado à frente de Pedro, com suas mãos juntas, esfregando uma na outra. Tiago respeitava demais a pessoa de Pedro. Conhecia de longa data seu companheiro e confiava nele. Se alguém era mais digno de confiança para Tiago, esse alguém era Pedro. Mas como resolver essa questão agora?

– Eu estava na cidade de Jope orando quando caí em êxtase, tive uma visão. Vi algo parecido com uma grande mesa de restaurante sendo baixada do céu, e que vinha até o lugar onde eu estava. Olhei para aquilo e notei que havia ali quadrúpedes da terra, animais selvagens, répteis e aves do céu. Então ouvi uma voz que me dizia: "Pedro, sente-se à mesa, sirva seu prato e coma." Eu respondi: "Não mesmo, SENHOR! Comer isso? Jamais! Nunca comi, nem mesmo quando servia as forças armadas, coisa nojenta e repugnante assim."

Todos acompanhavam a história com muito interesse. Desde o mais jovem ao mais velho. Cada um dos irmãos ouvia o que Pedro tinha a lhes dizer e ponderavam cada palavra dita pelo pastor.

– A voz tornou a falar comigo, dessa vez, de forma mais autoritária, dizendo: "Pedro! Não chame de repugnante e nojento o que Deus purificou!"

– Para mim foi também um choque. Mas na mesma hora chegaram à casa de meu amigo Simão três homens que insistiam que eu os acompanhasse à casa de Cornélio, o dono de uma casa de prostituição. O Espírito me disse que não hesitasse em ir com eles. Alguns irmãos me encontraram lá mais tarde e podem confirmar minha história. Cornélio nos contou como um anjo lhe tinha aparecido em sua casa e dissera: "Mande buscar, em Jope, um homem chamado Pedro. Ele lhe trará uma mensagem por meio da qual serão salvos você e todos os da sua casa". Quando comecei a falar, o Espírito Santo desceu sobre eles convencendo-os do pecado, da justiça e do juízo, conforme Jesus havia dito que seria. Se Deus lhes concedeu a oportunidade de salvação, quem era eu para opor-me a Deus?

Tendo terminado de se pronunciar, Pedro esperou em silêncio para saber qual seria a reação dos demais irmãos. Foram segundos que pareceram uma eternidade para Pedro. Todos os irmãos, junto com Tiago, ponderavam sobre o que Pedro acabara de lhes contar; parecia ser bem sensato crer nas palavras de seu antigo amigo e irmão na fé. Tiago, então, com um sorriso nos lábios, louvou a Deus e abraçou seu companheiro cessando assim toda e qualquer objeção e acusação contra o pastor.

– Então – disse Tiago –, Deus concedeu arrependimento para a vida eterna até mesmo para um pecador como Cornélio e sua casa!

♦

Finalmente chegou o dia da inauguração do grande templo construído pelo Dr. Carlos Andrada. As notícias corriam por toda parte. A mídia inteira queria cobrir o evento patrocinado pela Igreja Nova Vida, que se daria às 12 horas daquele mesmo dia. Multidões aglomeravam-se em frente ao majestoso templo situado no centro da cidade de Damasco. Toda a cúpula da Igreja Nova Vida estava também no local apenas esperando o início do grande evento do século. Uma atmosfera mística se fazia sentir em toda parte. Vários cambistas montaram suas barracas pelas proximidades onde vendiam de tudo: livros evangélicos, CDs, artigos religiosos e toda espécie de especiarias imagináveis. Carlos Andrada, de sua janela, espiava a aglomeração do povo da cidade em torno de seu templo. Podia-se perceber a euforia em seu olhar. Como lutara para construir aquela maravilha da engenharia e arquitetura! Seus olhos brilhavam ao contemplar a magnífica construção à sua frente. Mal podia esperar para cortar as faixas que inaugurariam aquele templo. Mas uma coisa ainda o preocupava: a insistência de alguns hereges em querer atrapalhar seus sonhos de glória. Alguns, da parte de Tiago, sem fazer uso da boa razão, continuamente afrontavam a autoridade do grande pastor e isso muito o inquietava. Por causa disso, Andrada ordenou que seus homens fossem na captura de alguns desses fanáticos e os trouxessem para o dia da inauguração para um verdadeiro espetáculo.

Magnificamente trajado com seu terno alemão, gravatas de seda e sapatos italianos, Andrada caminhou até o portão de entrada do templo, sempre escoltado por seus seguranças pessoais. O povo vibrava e aplaudia muito ao ver a opulência de seu grande líder religioso que acenava para o povo em agradecimento. Era um momento sem par para o pastor. As máquinas fotográficas de vários meios de comunicação apontavam para o líder religioso mais importante que existia na cidade de Damasco.

Posicionando-se por trás de um púlpito improvisado, Andrada arrumou seus esboços, posicionou o microfone, limpou sua garganta e pôs-se a falar com muita eloquência:

– Povo de Damasco, todos os que estão me ouvindo, também pelos meios de comunicação, ouçam-me, por favor! Hoje é um dia de grande festa e alegria para nossa amada cidade Damasco, pois, após muito esforço e dedicação, finalmente este grande templo pôde ser inaugurado. E tudo graças às contribuições voluntárias de cada um de vocês!

Tiago e seus companheiros estavam infiltrados no meio do povo, acompanhando a distância todo o evento. Podiam perceber que a multidão estava bem dividida, pois uns estavam eufóricos com o templo e seu líder, enquanto outros reprovavam totalmente aquela extravagância toda. De qualquer forma, uma coisa era nítida no povo: a maioria estava cega, sem conhecer realmente a Cristo Jesus. E isso frustrava Tiago profundamente. Conforme Andrada prosseguia seu discurso apaixonado, a multidão se acotovelava querendo chegar cada vez mais perto de seu ídolo religioso.

– Meu povo, para celebrarmos este grande feito histórico, trago aqui uma surpresa a todos. A obra de Deus, no decorrer da história humana, sempre sofreu oposição do inimigo e hoje não nos é diferente! Trarei, perante o povo, alguns homens que ousaram se opor à obra de Deus aqui nesta cidade. Que entrem os hereges!

O coração de Tiago acelerou ao ouvir essas palavras. Olhando em redor para seus companheiros, pôde perceber que a agitação no local começava a crescer bastante. O povo, de modo geral, tinha uma visão bastante distorcida da realidade que Tiago e seus companheiros enfrentavam. Para aquela multidão, Andrada era quase um deus enquanto os demais seriam o próprio demônio.

Andrada fez um sinal para que seus homens trouxessem amarrados os homens capturados por se opor à Igreja Nova Vida e seu líder máximo: Carlos Andrada. Marcos Tavares, pai de Helena e braço direito de Andrada estava posicionado logo atrás de seu antigo companheiro e líder no ministério, juntamente com todos os demais membros do conselho responsáveis pelo julgamento e morte de Estevão.

A multidão guardava um silêncio sepulcral enquanto esperava ansiosa a chegada dos miseráveis hereges. Uma pequena agitação começou a ser notada quando os homens de Andrada entraram conduzindo cinco homens severamente castigados. Tiago, que estava encostado em uma árvore nas proximidades do templo, reconheceu de imediato aqueles cinco jovens. Eram cristãos que, assim como ele, opunham-se à corrupção no meio da igreja e que agora, pela negligência dos jovens em ouvir os conselhos de Tiago em aguardar o melhor momento para agir, estavam em uma situação complicada diante de todo o povo. A multidão ficou histérica ao contemplar aqueles garotos que, ousadamente, se levantaram contra o ungido de Deus na terra, isto é, Carlos Andrada.

Olhando para os jovens com desprezo, Andrada voltou-se para a multidão que estava eufórica e começou a falar.

– Estes cinco rapazes tiveram a coragem de se levantar contra a obra de Deus – dizia Andrada enquanto perscrutava cada rosto na multidão. Tinha-os em suas mãos. – A palavra de Deus declara que os inimigos de Deus devem pagar com a própria vida. O que faremos com esses cinco que se recusaram a me dar ouvidos e se rebelaram tornando-se rebeldes contra Deus e a igreja?

A multidão ficava cada vez mais agitada, as opiniões começavam a se dividir. Alguns murmuravam que tais inimigos de Deus mereciam a morte, enquanto alguns poucos pediam pela liberdade desses cinco rapazes que, diziam eles, estavam fora de si.

Tiago lançou um olhar de relance para Barnabé que estava parado, atônito, próximo de uma coluna do templo. Os companheiros de Tiago não podiam acreditar na cena que estavam presenciando. Como Andrada podia ser tão ardiloso? O destino daqueles homens dependia tão somente de Deus. Eles estavam nas mãos daquele povo cego e sedento de sangue e violência contra os supostos inimigos de Deus.

De repente, a multidão começou a gritar que aqueles homens fossem castigados, torturados ou presos. Algumas pessoas na multidão tentavam avançar contra os jovens, sendo contidos pela polícia que montava guarda no local.

Foi então que Tiago levou um susto, pois reconheceu entre os cinco o rosto do irmão mais novo do presbítero João, o auxiliar de Pedro. Era identificado na igreja como Thiago, o menor, e era o líder daquele pequeno grupo. Ele estava posicionado na plataforma, mas afastado do restante do grupo.

Andrada pediu que levassem todos para a prisão, exceto Thiago, o menor. Para ele, o pastor guardava algo mais interessante. Aproximando-se do jovem, fitou-o exibindo um sorriso sarcástico de desprezo. João chegou a tempo de ver tal cena. Não conseguia entender como o povo podia aprovar que um ato desumano, vindo de um homem de Deus, pudesse estar acontecendo. Como ninguém fazia nada para impedir? As massas estavam sendo manipuladas por aquele inescrupuloso líder religioso.

– João! Pedro! – chamou-os Tiago, também chamado o justo. – Venham aqui!

Ambos aproximaram-se de Tiago, enquanto mantinham os olhos fitos no espetáculo que estava sendo realizado. A multidão estava em êxtase por ver os inimigos de Deus sendo punidos.

– Morte aos inimigos de Deus! – gritava uma senhora de idade ao lado de João, Pedro e Tiago.

João sentia-se impotente diante de tal cena, era seu irmão mais novo quem estava ali, parado em pé e sendo humilhado por um homem inescrupuloso. Tentou forçar passagem entre a multidão, porém foi detido por Pedro e Tiago que temiam que João fosse preso também.

– Tenha calma, João! – dizia Pedro enquanto segurava o rapaz pelo braço. – Não há nada que você possa fazer. Você só se colocaria em risco indo lá.

Em lágrimas, João tentava, de todas as formas, livrar-se de seus companheiros. Tiago precisou usar de violência para contê-lo, atraindo, assim, a atenção de algumas pessoas nos fundos. Temendo serem reconhecidos, os dois homens começaram a se afastar cada vez mais, arrastando João, que estava desesperado e acompanhava tudo a distância. Com sua visão turva por causa das lágrimas, João pôde ver quando Andrada cuspiu no rosto de Thiago, lançando-lhe algumas palavras que João não pôde entender, pois a multidão estava por demais eufórica. A grande multidão estava sedenta por sangue, pareciam animais que se atiram sobre uma carcaça mortal, desejando que aquele rapaz pagasse por todos os seus pecados. – Por que ninguém fazia nada para impedir isso? – pensava Tiago.

Andrada subornara todos os meios de comunicação possíveis para que não veiculassem aquele momento. O dinheiro falava mais alto! De fato, não havia ninguém que ficaria no caminho daquele ambicioso homem. Ninguém tinha coragem de se opor ao religioso mais poderoso e importante do país.

Um soco no rosto, acompanhado de um chute no estômago, levou Thiago a se curvar no chão, gemendo de dor e lutando muito para recuperar o fôlego. Seus pulmões queimavam, desejando um pouco de ar para aliviar-se. Ao levantar os olhos para os céus, Thiago depara-se com uma arma apontada em sua cabeça e já engatilhada. Tavares entrou em pânico quando viu a que extremo seu amigo levara suas ambições. O público também reagiu negativamente, pois embora quisessem que a justiça divina fosse executada contra os hereges, pensavam se aquilo tudo era realmente a vontade de Deus. Pedro, Tiago e João estavam atônitos, não era possível que Andrada fosse levar a situação até as últimas consequências. O velho homem sorria ironicamente, saboreando cada instante, a feição de terror no rosto de Thiago. A sensação era muito agradável e prazerosa, por isso não permitiria que ninguém se colocasse em seu caminho e continuasse vivo para atrapalhá-lo.

Um som seco fez-se ouvir. A multidão ficou horrorizada, João chorava copiosamente, enquanto o corpo inerte de seu irmão tombava no chão.

♦

Andrada solicitou que o corpo de Thiago fosse retirado de seu templo, o que foi cumprido de imediato. Enquanto a multidão se dispersava, retornando para seus lares, Pedro e os demais começaram a se esgueirar pela multidão procurando não serem percebidos pelos homens de Andrada. Tiago conduzia João entre a multidão caminhando em direção aos portões dos fundos, enquanto Pedro seguia pelos corredores procurando as portas da frente do grande templo. Todos saíam com cautela evitando muito contato com os demais cristãos naquele lugar. A saída estava muito bem guardada pelos homens de Andrada, o que dificultava que Pedro e os demais saíssem do local. Pedro percebeu que havia chamado a atenção de dois seguranças e tentou infiltrar-se no meio da multidão, porém foi seguido. Os seguranças reconheceram Pedro e por isso queriam prendê-lo e levá-lo até o Dr. Andrada. Pelo celular, Pedro orientou que Tiago tomasse cuidado com os seguranças em redor do templo. Pedro procuraria despistá-los para que Tiago tivesse acesso livre à saída, levando com ele João. Tiago parou junto de uma coluna escondendo-se e esperando que Pedro lhe desse o sinal para fugir.

A situação começava a ficar delicada, pois os homens de Andrada começaram a comunicar-se entre si dando ordens para que todas as portas fossem bem vigiadas, evitando que qualquer suspeito saísse.

Em pouco tempo, o local estava completamente cercado pelos homens de Andrada. Tavares confidenciou a Andrada, que se localizava em seu luxuoso carro, que os homens de Tiago estavam presentes na área do templo.

– Não permita que nenhum deles fuja – esbravejou Andrada. – Prendam todos!

Os seguranças estavam no encalço de Pedro, que tentava de todas as formas escapar.

– Há uma pequena concentração de seguranças no meio da área do templo – dizia Pedro ao celular –; aproveite essa chance e fuja, Tiago. Alcançarei vocês mais tarde!

De repente, enquanto falava ao celular, um segurança lançou-se sobre Pedro segurando-o pelos ombros. O celular de Pedro voou longe enquanto este lutava para desvencilhar-se do forte segurança, porém Pedro não tinha mais a mesma disposição e força de quando era jovem. Num impulso inesperado, Pedro lançou-se para trás projetando o segurança contra a parede e desvencilhando-se do homem, que caiu pesadamente ao chão. Enquanto Pedro corria, mais três homens, que seguiram de perto o outro segurança, cercaram-no. Vendo-se totalmente encurralado e ofegante, o pastor ainda tentou lutar, porém, sem ter forças para resistir, acabou capturado.

Com todo o alvoroço causado pela captura de Pedro, Tiago, João e os demais conseguiram fugir. O celular de Pedro chamava, porém ninguém podia atender e isso frustrou muito Tiago, que seguiu seu caminho orando a Deus pedindo pela vida de seu amigo.

♦

Andrada estava sentado confortavelmente em sua poltrona de seu gabinete pastoral. Uma leve batida fez-se ouvir em sua porta. Tavares entrou, conduzindo os seguranças que pediam uma audiência com o poderoso líder religioso.

– Com licença, Andrada – dizia respeitosamente Tavares. – Mas alguns seguranças do templo desejam lhe falar.

– Dispense-os – respondeu Andrada. – Diga a eles que não tenho tempo para perder com bobagens.

Tavares aprumou-se um pouco mais, arrumou sua gravata e continuou.

– Sei disso, meu amigo, mas esses homens conseguiram capturar Pedro, companheiro de Tiago, um dos líderes da rebelião contra a Igreja.

Andrada endireitou-se na poltrona, e seus olhos brilharam. Com empolgação na voz, ordenou que seus homens se apresentassem imediatamente. Os seguranças entraram no grande gabinete do pastor conduzindo Pedro à presença de Andrada.

– Ora, veja só quem temos por aqui! – dizia Andrada de forma sarcástica. – Se não é o famoso pastor Pedro. Sinto-me decepcionado com você, meu amigo, confiava em você. Por que se rebelou contra a obra de Deus?

Pedro sentiu-se enojado diante de tanto cinismo. Olhou para Andrada, que estava radiante, sentado em sua elegante poltrona, e sentia pena por ver aquele que um dia admirara agora em tamanha decadência moral e espiritual. Sentia vontade de dar um soco em Andrada e vingar as mortes de Estevão e Thiago, mas sabia que isso não iria resolver em nada seu problema.

– Não me oponho à vontade nem à obra de Deus, porém antes proclamo o evangelho genuíno. Este mesmo evangelho que você abandonou por causa de sua própria ganância e sede por poder e fama.

Meneando a cabeça, Andrada lançou um olhar de desprezo para Pedro, enquanto deixava escapar uma risada sarcástica.

– Então, vocês continuam a propagar essas mentiras, difamando meu nome? Vocês, realmente não entendem nada! Não passam de uns cegos, mentes fracas e filhos de Belial. Levem-no! Eu quero este homem preso. Ensinarei a ele uma lição por me desafiar!

O avanço do evangelho

Os seguranças levaram Pedro e o lançaram no cárcere da primeira prisão da cidade de Damasco. Depois que todos saíram do escritório, Tavares aproveitou para perguntar o que fariam com Pedro.

– Pretendo levá-lo a julgamento popular. Ele será acusado de calúnia e difamação, de lavagem de dinheiro e manipulação contra as pessoas para explorá-las, levando seu dinheiro.

– Isso é mesmo necessário, Andrada? – perguntou-lhe Tavares.

– O que deu em você, homem? – replicou Andrada de forma ríspida. – Esses homens são muito obstinados e não vão parar de se opor a mim. Preciso mostrar-lhes o que acontece com aqueles que se levantarem contra a obra de Deus! A festa de inauguração do meu novo templo deve durar mais dois dias, por isso cuidarei de Pedro depois da festa. Até lá, ele deverá permanecer preso no presídio da cidade.

Tavares saiu do gabinete sentindo-se confuso e frustrado, pois acreditava que seu amigo estava indo longe demais. Andrada permaneceu sozinho, eufórico, ansioso por se livrar de Pedro e animado com a inauguração de seu templo. Um templo construído, em suma, para satisfazer seu próprio ego e ambição.

♦

Pedro foi conduzido à prisão. Lá chegando, foi deixado em uma cela privada, para que não tivesse contato com os demais presidiários, pois Andrada não queria que ninguém mais tocasse nele, a não ser ele próprio.

Os guardas foram muito rudes e violentos com Pedro. Despindo-o de seu terno e sapatos, deixaram-no apenas de camisa e calças. Essa era uma humilhação terrível para Pedro. Ali, esquecido por todos, começou a pensar em cada um dos irmãos, em cada uma das pessoas que seguiam Andrada por estarem cegas da verdade. Como essa situação lhe doía no coração! Era uma situação mais dolorosa do que a dor da surra que levou dos homens de Andrada e do que a humilhação de ser aprisionado.

As condições sanitárias de sua cela eram péssimas: o chão estava muito sujo, a torneira não tinha água, a cama era nada mais que um estrado velho e um colchão tão fino que se podia sentir a madeira do estrado. Pedro sentiu-se frustrado com aquela situação toda, porém sabia dentro de si que aquilo poderia acontecer mais cedo ou mais tarde. Quando aceitou o convite de Tiago para proclamar o evangelho com sinceridade, sabia das consequências que isso implicaria. Pedro orava para que o SENHOR ajudasse seus companheiros quanto à obra de levar o evangelho ao maior número possível de pessoas. Pedro deitou-se, então, e começou a dormir. Estava muito cansado por causa da perseguição e luta contra os homens de Andrada, e seu corpo doía muito. Ele precisava de um descanso. Talvez o último antes de se encontrar com Jesus face a face.

♦

No dia seguinte da prisão de Pedro, o povo se reuniu na casa de Maria, mãe de João Marcos, primo de Barnabé, onde João também estava hospedado, desde que perdera ambos, seu irmão e seu melhor amigo consecutivamente. Ao todo, havia cerca de quinze pessoas reunidas para orar a Deus em favor de Pedro. Os cristãos não faziam ideia do que acontecera a Pedro desde a última vez em que o viram, nem sabiam que ele estava preso no presídio da cidade.

Todos estavam muito angustiados e preocupados. Tiago aproximou-se dos demais irmãos, depois de deixar João descansando em uma cama no quarto dos fundos. Estava muito abalado com tudo o que acontecera.

– Meus irmãos – disse Tiago –, estamos passando por momentos muito difíceis. Não sabemos o que pode ter acontecido com nosso irmão Pedro. Sinto-me muito preocupado com a vida dele. Precisamos orar a Deus neste momento e entregar a vida de Pedro nas mãos de Deus agora.

Todos os irmãos concordaram com um meneio de cabeça. Pedro era uma pessoa muito querida para todos, além de um grande líder. Mas, ao mesmo tempo, os irmãos sentiam que, no final das contas, Andrada estava ganhando a batalha. Será que valia a pena continuar com a missão? Quantos servos de Deus mais teriam que perder por causa do evangelho? Como a missão era dolorosa! Barnabé levantou-se no meio de todos e começou a se pronunciar:

– Tiago, meus amados irmãos, ouçam-me, eu lhes peço. É difícil entender a perfeita vontade de Deus neste momento de dor. Perdemos alguns amigos preciosos e estamos sendo perseguidos como ovelhas no meio dos lobos, porém não podemos jamais abandonar nossa fé em Cristo Jesus, que nos disse que: *"Eu lhes disse essas coisas para que em mim vocês tenham paz. Neste mundo vocês terão aflições; contudo, tenham ânimo! Eu venci o mundo"* (S. João 16.33 NVI).

O povo reunido baixou a cabeça enquanto meditava nas palavras do evangelho que Barnabé citava. Tiago retomou a palavra.

– São sábias as palavras de nosso irmão Barnabé! Por mais difícil que seja a caminhada, precisamos nos manter com os olhos fitos em Cristo Jesus que:

... *"embora sendo Deus não considerou que o ser igual a Deus era algo a que devia apegar-se; mas esvaziou-se a si mesmo, vindo a ser servo tornando-se semelhante aos homens. E, sendo encontrado em forma humana, humilhou-se a si mesmo e foi obediente até a morte, e morte de cruz! Por isso Deus o exaltou à mais alta posição e lhe deu o nome que está acima de todo nome, para que ao nome de Jesus se dobre todo joelho, nos céus, na terra e debaixo da terra, e toda língua confesse que Jesus Cristo é o Senhor, para a glória de Deus Pai"* (Filipenses 2.6-11 NVI).

Todos recobraram ânimo com as palavras de Tiago e Barnabé e, unânimes, começaram a orar. João, não conseguindo dormir, levantou-se e se juntou ao grupo para orarem por Pedro. Vendo isso, Tiago o repreendeu e pediu que o mesmo fosse se deitar.

– Não posso, Tiago – disse João. – Como posso pensar em descansar quando meu amigo está em apuros e precisando da intervenção de Deus? Não posso perder mais ninguém. Já perdi meu amigo Estevão e meu irmão Thiago. Não posso perder Pedro também.

Tiago aquiesceu, permitindo, assim, que João se juntasse ao pequeno grupo para orar. A igreja fazia incessante oração a Deus em favor de Pedro.

♦

Era noite do último dia da festa de inauguração do templo e Pedro seria julgado no dia seguinte. A noite estava calma e sossegada, toda a agitação da festa no templo havia cessado e a normalidade voltara à cidade de Damasco. O mercado da cidade já havia encerrado suas atividades daquele dia.

Em sua cela, Pedro dormia um profundo sono, sendo vigiado constantemente pelos guardas da prisão. Andrada dera ordens expressas para que os policiais vigiassem Pedro para que este não fugisse. Alguns guardas montavam sentinela aquela noite, mantendo a ordem na cidade. O silêncio vindo das celas era tamanho que podia se ouvir o som de um alfinete caindo no chão. Um dos guardas veio, no meio da noite, verificar a cela de Pedro, e encontrou-o dormindo. Ao virar-se para sair, repentinamente um resplendor fez-se notar na prisão. Tal era a intensidade daquele brilho que o sol parecia insignificante perto dele, porém o guarda nada viu e continuou seu caminho em direção ao pátio da prisão. Pedro continuava dormindo, enquanto, no meio daquele resplendor todo, surgia uma aparição fantástica.

Um anjo do SENHOR caminhou até Pedro e, tocando-lhe, o acordou. Pedro ficou maravilhado diante da visão que estava tendo. De pé, em sua frente, estava o anjo que tinha roupas resplandecentes e uma feição séria, porém amigável, um cinto dourado no peito e uma coroa em sua cabeça.

– Depressa, levante-se! – disse o anjo com muita autoridade.

Logo que o anjo disse essas palavras, a porta da cela abriu-se sozinha, para o espanto de Pedro.

– Vista-se e calce seus sapatos – disse o anjo. – Ponha o terno e siga-me!

Pedro ficou consternado, sem saber como reagir, pois seus sapatos e terno estavam na recepção do presídio. Teria que passar por entre os guardas que o levariam novamente à prisão. Temeroso, Pedro caminhou na direção da recepção onde sabia que estavam seus pertences pessoais. Andando pelo escuro corredor, pôde avistar uma pequena luz por entre as frestas da porta que dava livre acesso à recepção do presídio. Percebeu também uma agitação vinda dos guardas que conversavam animadamente. Temeu aproximar-se mais. Pensou em recuar, porém o anjo tocou-lhe o ombro encorajando-o a prosseguir. Pedro se dispôs a caminhar até lá, tendo avistado já seu terno e seus sapatos ao lado de um dos guardas, que estava sentado próximo da porta. Orando em voz baixa, pedindo misericórdia a Deus, Pedro avançou, pegou seus sapatos, calçou-os e em seguida vestiu seu terno. Os guardas nem sequer notaram a presença de Pedro ali, em pé, na frente deles. E isso deixou Pedro maravilhado.

Olhando para o lado, o pastor avistou o anjo que, fazendo-lhe um sinal, pediu a ele que o seguisse. E, saindo, Pedro o seguiu, não sabendo que era real o que se fazia por meio do anjo; tudo lhe parecia uma visão. Passaram por entre os guardas que vigiavam os portões do presídio e, tendo chegado ao portão, este se abriu por si mesmo para que eles pudessem sair. Pedro estava atônito, porém continuava seguindo o anjo. Jamais imaginou que algo assim pudesse lhe acontecer. Estava conformado com a ideia de sofrer nas mãos de Andrada. Ambos saíram pelos portões da prisão e seguiram seu caminho em direção à praça da cidade, seguindo por diversas ruas e esquinas. O anjo corria muito mais rápido e Pedro precisava esforçar-se demais para não ficar para trás, pois não era mais tão jovem. Tendo tropeçado em uma pedra, Pedro desviou sua atenção, por uma fração de segundos, do anjo, que sumiu inesperadamente. Com isso, Pedro caiu em si e reconheceu que Deus o havia livrado da prisão.

– Por Deus! – exclamou Pedro. – Agora vejo que, de fato, Deus enviou seu anjo para me livrar da prisão, das mãos de Andrada e do que o povo faria comigo.

Percebendo o livramento que recebera, Pedro dirigiu-se então à casa de Maria, mãe de João Marcos, onde o povo estava reunido em oração. Chegando lá e batendo à porta, o povo veio para ver quem poderia ser em uma hora como aquela. Ao ver Pedro, todos, perplexos, ouviram-no contar tudo o que se sucedera. Já dentro de casa, foi recebido alegremente por Tiago, João e os demais irmãos.

♦

Ao amanhecer, os guardas foram fazer a ronda, como costumeiramente faziam, e tendo encontrado a cela de Pedro aberta e vazia, ficaram perplexos. Começou-se um grande alvoroço por parte dos policiais sobre o que poderia ter acontecido com o prisioneiro. O delegado enfurecido ordenou uma busca completa pela redondeza com o intuito de trazer Pedro de volta o mais rápido possível. Porém, após realizarem uma busca nas proximidades e não encontrando quem procuravam, o delegado ligou para o escritório do Dr. Andrada para explicar, ou pelo menos tentar explicar, o que havia acontecido.

Andrada esbravejou contra o delegado por causa de sua incompetência em assegurar a prisão de apenas um homem velho e indefeso.

O velho pastor deu um murro na mesa desligando violentamente o telefone e amaldiçoando Tiago e seus companheiros. Tavares, que estava no gabinete de Andrada, estremeceu diante da fúria de seu antigo companheiro. Até que ponto Andrada iria para acabar com essa rebelião, ele não sabia. Sabia apenas que essa situação começava a ser insustentável e precisava de um ponto final logo.

Em meio a todo este frenesi, uma multidão de pessoas começava a se formar em frente ao templo, querendo ver o seu amado líder religioso. Pediam para ver o Dr. Andrada. O alvoroço era tamanho que se podia ouvir a distância por toda a praça. Logo, mais pessoas se juntavam àquele grupo porque estavam agradecidas ao Dr. Andrada pelo maravilhoso templo que lhes fora edificado. Andrada observava tudo de sua janela e estava empolgado por causa da grande manifestação que o povo fazia em sua honra. O povo gritava e urrava querendo a presença de Andrada. A multidão idolatrava seu líder que, para eles, era o grande ungido de Deus para aquela cidade. O representante do povo diante de Deus, o povo o via como se fora o grande poder de Deus manifesto na terra.

Não podendo mais se conter de tanta emoção, Andrada aprumou-se em seu magnífico terno e apressou-se em direção ao templo para se apresentar ao povo. Um dos membros do conselho ministerial da Igreja Nova Vida, em posse do microfone, anunciou a entrada "triunfal" de seu amado líder.

– Com vocês, o ungido do SENHOR, o representante de Deus nesta cidade, o Dr. Carlos Andrada. Recebam-no com uma salva de palmas!

A multidão foi ao frenesi e histeria, enquanto Andrada caminhava à plataforma do templo, posicionando-se por detrás do púlpito do magnífico templo.

— Sinto-me imensamente grato a Deus por me conceder tão grande oportunidade de estar diante deste meu amado povo – dizia um hipócrita Andrada. – Eu reconheço que não sou digno desta graça maravilhosa a mim estendida por Deus, porém jurei que, enquanto viver, dedicaria minha vida pela causa do evangelho e propagação da palavra de Deus. E que também lutaria pelas ovelhas que Deus me deu, dando-lhes um lugar digno para adoração do nome de Deus!

Gritos e aplausos se ouviam por toda a extensão do templo. O povo estava maravilhado com aquele discurso tão eloquente e cativante. Como o povo era cego! Andrada fez questão de veicular nos grandes canais de televisão o seu discurso diante daquela multidão.

Tiago e seus companheiros acompanhavam tudo pela televisão. Não mais arriscariam ser capturados. Dali em diante, o grupo procuraria ser mais cauteloso.

A multidão impediu que Andrada continuasse seu discurso, gritando e clamando a uma só voz.

– É voz de Deus, e não de homem! – assim gritava repetidamente a multidão.

Andrada acolheu aquelas palavras vindas da multidão, enchendo seu ego. Um sorriso surgia no rosto do líder que se curvava diante da multidão, recebendo aquele louvor de todos que ali estavam. Tiago baixou sua cabeça, meneando-a em sinal de reprovação àquele ato, enquanto os demais sentiam aversão àquilo tudo.

Repentinamente, em meio àquele louvor todo, Andrada começou a sentir uma pontada em seu coração. Procurou ignorar aquelas fortes pontadas, imaginando ser um simples incômodo, porém a dor começava a lhe prejudicar a ponto de ter que segurar forte a mão contra o peito. Um cansaço começou a percorrer-lhe o corpo como ondas de choque, sua respiração ficava cada vez mais ruidosa, enquanto se sentia cada vez mais fraco e com a visão turva. Um anjo do SENHOR o feriu por não ter glorificado a Deus. Andrada segurou-se ao púlpito, porém, isso não o impediu de desabar no chão, sentindo uma dor terrível no coração. O alvoroço foi grande, o povo todo correu em direção ao homem que os liderava. Pedro e Tiago olhavam atentamente para a televisão, completamente atemorizados. Tavares correu até seu amigo gritando para que alguém chamasse imediatamente um médico. Um dos membros do conselho ligou para o hospital que, enviando uma ambulância, veio em socorro do líder religioso.

Os paramédicos levaram Andrada apressadamente ao hospital, porém este chegou lá já morto. Tavares, que acompanhara todo o percurso até o hospital enfurecido, prometeu vingar-se dos membros do grupo de hereges.

De acordo com o estatuto da igreja, Tavares assumiria em lugar de Andrada a direção da Igreja Nova Vida, caso acontecesse algo com seu amigo que o invalidasse, pois Tavares era o homem de maior confiança dentre todos os membros mais antigos da igreja. Ele responsabilizou Tiago pelo problema em Andrada, pois, se não fosse Tiago e sua rebelião, seu amigo ainda estaria vivo e não teria sofrido um ataque cardíaco fulminante.

A notícia da morte de Andrada, o maior líder religioso da cidade de Damasco, correu por toda parte. Todos os meios de comunicação mostravam e só falavam nisso. Foi um choque para toda comunidade cristã. Entretanto, a palavra de Deus continuava a crescer e a espalhar-se.

Três anos depois...

Após passar por um período de obscuridade, longe da cidade de Damasco, Paulo resolve subir da Arábia até a grande Damasco a fim de conhecer pessoalmente Pedro, João e Tiago. Sabia que seria um momento delicado e de tensão, pois há apenas três anos ele próprio era um dos principais perseguidores da causa pela qual Tiago e seus amigos lutavam, isto é, a proclamação do evangelho puro e simples.

Paulo viajou de carro pelas estradas que ligavam a região árida da Arábia a Damasco, a magnífica cidade centro do mundo religioso da época. Pedro, João e Tiago esperavam, com cautela, a chegada de seu mais novo companheiro. Era natural que estivessem apreensivos, pois era como se estivessem encurralados esperando que Adolf Hitler aparecesse a qualquer momento!

Ao longe, Paulo já avistava a placa de "Bem-vindo" da cidade de Damasco e isso lhe causou um sentimento de pesar e seu coração disparou. Fazia já três anos desde a última vez em que estivera naquela cidade. Eram tantas as recordações, algumas boas, outras nem tanto. Um sorriso surgiu no rosto de Paulo quando pôde avistar a movimentação costumeira do mercado municipal da cidade. A cidade não mudara em nada desde a última vez em que esteve ali. Uma sensação nauseante percorreu-lhe o corpo quando passou em frente ao grande templo do qual, um dia, encabeçara a construção. Não podia deixar de demonstrar repúdio por ter feito parte de tanta sujeira e corrupção. Como se enganara! Isso ainda lhe pesava muito, principalmente quando se lembrava de Estevão.

Procurou afastar tais pensamentos de sua mente enquanto dirigia seu atual carro. Quando finalmente estava saindo do mercado central, chegou à casa de Tiago, que estava com os demais a sua espera. Assim que desceu de seu carro e bateu a porta, foi recebido por Tiago, o seu anfitrião e, depois de um forte abraço do líder que um dia perseguira, foi levado para dentro da casa, quando pôde finalmente conhecer Tiago, Pedro e João. Os três o receberam bem, demonstrando todo o amor cristão e cordialidade característica neles. Paulo sentiu-se em casa. Foi bem recebido e, pela primeira vez em anos, sentiu-se realmente amado.

Pedro, João e Tiago conversaram muito com Paulo, falando sobre o motivo que os levou a se levantarem contra a corrupção na Igreja Nova Vida e o Dr. Andrada, seu antigo líder. Paulo os escutava demonstrando verdadeiro interesse e a tudo questionava e dava sua opinião, opinião esta bem aceita pelos três líderes. Ao final da tarde, Paulo, despedindo-se dos três, seguiu seu caminho aceitando as recomendações de Pedro em permanecer por um tempo em sua terra natal, Tarso, de onde poderia espalhar o evangelho sem se preocupar com os líderes da Igreja Nova Vida. Paulo deixou a casa de Tiago sentindo-se bem, animado e com uma missão para cumprir. Sentia-se feliz pensando que finalmente teria sua oportunidade diante de Deus. Mal sabia ele o que ainda lhe esperava.

♦

Um ano e meio depois...

A grande cidade de Antioquia era uma das maiores cidades da região, conhecida como um grande centro industrial e tecnológico do país. Contava com uma população de mais de meio milhão de pessoas, que viviam do comércio industrial. Depois da cidade de Damasco, esta era a maior cidade de toda região. Alguns dos cristãos que haviam sido dispersos por causa da perseguição desencadeada com a morte de Estevão e Thiago, irmão de João, chegaram até Antioquia, anunciando a mensagem do evangelho aos demais membros da Igreja Nova Vida da cidade. A mão de Deus estava com eles, de sorte que muitos deixaram os ensinos errados da igreja e começaram a seguir as verdades do evangelho de Jesus Cristo. Dentre os cristãos que chegaram a Antioquia, estava também Barnabé e seu primo João Marcos. Esses, ali chegando e vendo que a graça de Deus era manifesta e aceita pelo povo, muito se alegraram, e Barnabé animou o povo a permanecer firme na fé em Cristo de todo o coração. Barnabé era um homem bom, cheio do Espírito Santo e de fé. Muitas pessoas começavam a se integrar à igreja cristã por meio de sua pregação.

Multidões começavam a afluir para ouvir a mensagem do evangelho. O povo estava faminto pela palavra de Deus. Tal era a intensidade do trabalho naquela cidade que Barnabé mal tinha tempo para si próprio. A carência do povo era tamanha que todos os dias o velho Barnabé era procurado na igreja para que pudesse transmitir aquilo de que, durante anos, o povo foi privado, isto é, a mensagem de Jesus Cristo. João Marcos, primo de Barnabé, era ainda muito jovem e inexperiente no ministério cristão, por isso não podia ser de grande ajuda para Barnabé.

– Você precisa de um tempo pra descansar, Barnabé! – disse João Marcos. – Você não é mais tão jovem.

Barnabé sabia ser uma verdade as palavras de seu jovem primo, porém como deixaria aquelas almas tão sedentas por Cristo e seu evangelho? Sabia que não estava dando conta do trabalho todo sozinho. Mas não culpava seu primo pelo temor que tinha em falar e aparecer em público. A simples pressão de se apresentar para as pessoas apavorava o jovem.

– Marcos, deve haver algo que eu possa fazer pra que a obra de Deus não seja prejudicada só por que não consigo dar conta de todo trabalho.

Marcos sentiu-se humilhado. Como gostaria de poder ter mais coragem e ajudar seu primo! Jurou a si mesmo que procuraria melhorar nessa área e seria um grande ministro de Deus.

– Barnabé! – disse João Marcos.

– O que é Marcos?

João Marcos começou a encarar a seu primo com um brilho nos olhos, como se tivesse tido uma grande ideia.

– Por que não vai atrás daquele homem de Tarso – disse João Marcos, sorrindo. – Aquele que se chama Paulo e agora passou pro nosso lado?

Barnabé estava atônito. Começou a ponderar a ideia e achou-a interessante. O trabalho estava muito difícil e Paulo era alguém de quem ninguém mais ouvia falar. Era um homem que tinha um conhecimento das Escrituras fora do comum. Seria uma grande ajuda para a igreja de Antioquia.

– Grande ideia, Marcos! – exclamou Barnabé. – Mas, será que ele aceitaria nos ajudar?

– Jamais saberemos se você não tentar, meu primo. Por que não vai atrás dele?

– Não faço ideia de onde ele pode estar no momento – disse Barnabé, demonstrando descontentamento.

– Ele havia ido até a Arábia, acho que pra refletir um pouco, mas agora voltou pra sua cidade natal, Tarso.

Barnabé se espantou de que Marcos soubesse do paradeiro de Paulo. Agora sabia exatamente aonde ir para obter ajuda. Decidiu, então, arrumar suas coisas e viajar até a cidade de Tarso em busca do pastor Paulo.

◆

Após dois dias, Barnabé chega à cidade de Tarso em busca de Paulo. A cidade de Tarso era muito famosa por ser uma grande cidade comercial, sendo rodeada por grandes rochedos conhecidos como montanhas Taurus. Era uma cidade imponente de grande valor para os maiores comerciantes do mundo. A manufatura dessa cidade era explorada pelo comércio de tecidos finos e raros. Tarso era considerado a capital da moda de vestuário de toda província. Um majestoso mar, chamado Çay, ladeava toda a região da poderosa cidade de Tarso, o que facilitava a exploração do comércio marítimo.

Barnabé imaginou que encontrar Paulo não seria tarefa muito simples, visto que esta cidade tinha uma população de, aproximadamente, 216 mil habitantes. Barnabé, descendo no porto, dirigiu-se ao centro da cidade onde, pensou, seria o lugar mais apropriado para começar a sua busca. Ficou sabendo que Paulo tinha um pequeno comércio onde trabalhava como alfaiate desde sua mocidade, alfaiataria esta que herdara de seu pai.

O comércio da cidade estava bastante movimentado, muitas pessoas iam e vinham, comprando, vendendo, importando e exportando materiais. Por ser uma grande metrópole comercial no ramo de tecidos, muitas eram as pessoas que vinham à cidade para negociar suas mercadorias por algumas mudas de tecidos finos e raros encontrados apenas naquela região.

Barnabé passeava em meio a pessoas das mais variadas, desde ricos comerciantes a pobres fabricantes de tecidos. Era do conhecimento de Barnabé que naquela região não havia uma congregação da Igreja Nova Vida, o que, em si, seria muito favorável para Paulo, pois poderia viver em paz sem se preocupar com os homens de Andrada. Depois de andar quase o dia inteiro, Barnabé finalmente encontrou Paulo, trabalhando em sua oficina de alfaiate. Paulo estava um pouco mais velho, com seus 28 anos, aparentando ter amadurecido um pouco mais. Ele dividia seu tempo, atualmente, entre o trabalho na oficina e a pregação do evangelho pelas casas de alguns cristãos de sua cidade. Barnabé bateu à porta da oficina, postou-se diante de Paulo, limpou sua garganta e pôs-se a falar.

– Pastor Paulo, estou procurando você há muito tempo! – disse Barnabé.

Paulo, enquanto terminava o conserto do terno de um cliente, olhou assustado a aparição inesperada do velho Barnabé.

– Desculpe-me senhor, mas creio que não o conheço – disse Paulo surpreso. – Poderia dizer-me quem é você, e como me conhece?

Barnabé entrou na oficina demonstrando um sorriso amigável nos lábios. Finalmente encontrara o homem que o auxiliaria na obra de Deus, propagando o evangelho em Antioquia.

— Sei que você não me conhece, Paulo. Chamo-me Barnabé e sou membro, assim como você, da Igreja Nova Vida.

Paulo sentiu um frio percorrer-lhe a espinha. Seria possível que havia sido encontrado por um dos homens de Andrada? Seu esconderijo havia sido descoberto após dois anos de sossego e reclusão? O terno que estava em suas mãos caiu sobre sua bancada. Pensou em fugir, mas o homenzarrão bloqueava o caminho da porta, ainda que sem intenção nenhuma para isso. Pensou que talvez uma investida violenta porta a fora resolvesse, porém, antes que pudesse tentar alguma coisa, Barnabé o tranquilizou com suas palavras.

— Venho da parte de Tiago que foi acusado injustamente de sedição e revolta por ter ousado proclamar a verdade do evangelho de Jesus Cristo.

Ele disse Tiago? Sim, Paulo lembrou-se daquele dia quando participou da reunião, de última hora, na casa do Dr. Andrada. Lembrou-se também da ligação anônima que culminou em sua perseguição ao grupo de hereges, do qual agora, querendo ou não, fazia parte. Sentiu um peso na consciência ao se lembrar também do julgamento e da morte de Estevão. Paulo sabia muito bem que a perseguição contra o grupo de Tiago era injusta e movida pela cobiça e ganância.

— Sente-se, por favor, Barnabé! Aceita um café?

— Agradeço Paulo, mas meu assunto é meio urgente e pretendo não me demorar por aqui – enfatizou Barnabé.

Os dois homens encararam-se por um instante. Paulo então assentiu para que Barnabé continuasse e lhe dissesse por qual motivo viera. Barnabé endireitou-se na cadeira para melhor se posicionar diante de Paulo. Sentia-se um pouco apreensivo, pois não imaginava como Paulo reagiria mediante seu convite para abandonar sua cidade natal e ir para Antioquia em missão.

– Paulo, não sei se é de seu conhecimento, mas, quando da perseguição desencadeada que culminou na morte de Estevão, nosso amado irmão e diácono, nós, os cristãos simpáticos à causa do evangelho genuíno, dividimo-nos, cada qual para uma região para podermos difundir esse evangelho.

As palavras de Barnabé prenderam a atenção de Paulo. O mencionar da morte de Estevão causou em Paulo certo remorso, pois sabia ter sido um dos responsáveis por ela. Barnabé escolhia com cuidado as palavras. Temia magoar o jovem pastor, desestimulando-o a prosseguir.

– Acontece que, chegando eu a Antioquia, iniciei o trabalho de propagação do evangelho em nossa congregação de lá. Porém, o número de pessoas carentes pela palavra de Deus é muito grande, tão grande que eu não estou conseguindo realizar essa missão sem ajuda de alguém. Meu primo, João Marcos, é ainda muito inexperiente e não está me servindo de muita ajuda no momento.

Paulo franziu a testa, coçando a cabeça, enquanto procurava entender a história que Barnabé lhe contava. Levantou-se e começou a caminhar de um lado a outro, como costumava fazer quando estava pensando. Voltando-se para o velho homem, fitou-o firmemente nos olhos.

– Você, por acaso, não está me sugerindo que eu vá com você à Antioquia e lhe ajude nesta missão, não é? – perguntou Paulo, um tanto cético.

– É exatamente isso que desejo, Paulo. Não conheço ninguém mais capacitado para essa obra do que você!

Paulo sentou-se novamente em sua cadeira e, colocando sua mão sobre os olhos, pôs-se a pensar. Barnabé aguardava uma resposta, ansiando por um sim. Sabia que muitas vidas dependeriam da resposta que Paulo daria a ele. E mais, não poderia demorar-se tanto, pois Marcos ficou em seu lugar na igreja de Antioquia atendendo o povo, porém sua falta de experiência falava mais alto.

– E então, Paulo, o que me diz? Sua resposta é muito importante para mim e para o povo de Antioquia.

Paulo levantou os olhos, olhando para o nada. Olhou para Barnabé, que ainda esperava uma resposta, e começou a falar.

– Não posso, Barnabé! Desculpe-me, mas não posso ir com você a Antioquia.

Barnabé ficou horrorizado com a resposta de Paulo. Perplexo e atônito, começou a questionar o pastor.

– Não pode? Por que não, Paulo?

– Meu passado está muito manchado, Barnabé! Como iria com você, se há pouco eu os perseguia, querendo me livrar de vocês? Tenho medo! Medo de não ser bem aceito por todos.

O homenzarrão ficou perplexo ao ouvir os motivos de Paulo. Imediatamente começou a trazer Paulo à razão, lembrando-lhe de sua missão e do propósito pelo qual Deus poupou sua vida no caminho de Damasco.

– Paulo, sei que a princípio será mesmo difícil para o povo aceitá-lo, mas tente entender, sua missão como pastor é proclamar o evangelho de Jesus Cristo. Deus não salvou sua vida para que você terminasse seus dias nesta oficina. Você é um homem de Deus e precisa levar a cabo seu ministério! Venha comigo, Paulo, o povo de Antioquia precisa de um líder que os conduza pelo santo e vivo caminho do evangelho. E esse líder é você, meu amigo.

Paulo olhou temeroso para seu companheiro. Os últimos acontecimentos de sua vida lhe trouxeram muita angústia. O tempo em que ficara recluso em Tarso o fez pensar muito sobre o verdadeiro significado do evangelho.

– Certamente há homens melhores do que eu para esta obra!

– Mas você é o homem que Deus escolheu, Paulo!

Essas palavras fizeram Paulo lembrar-se daquele dia em que tivera um encontro com o SENHOR no caminho de Damasco e em como o SENHOR lhe dissera ser ele um vaso escolhido para proclamar o evangelho. Sentindo-se renovado e confortado, Paulo aceitou o convite de Barnabé e ambos decidiram voltar juntos à Antioquia, onde permaneceram durante um ano inteiro ensinando a muitos na igreja.

Capítulo 8

O renascimento do herói – a primeira viagem

Um ano depois, que Paulo e Barnabé desceram de Tarso a Antioquia, a igreja passava por um momento de grande crescimento e paz. Muitos eram aqueles que se beneficiavam com a exposição da palavra dos dois homens de Deus. Na igreja de Antioquia, havia profetas e mestres. Dentre os que mais se destacavam, havia: Barnabé, Simeão, também conhecido como Níger, pois tinha ascendência africana, Lúcio da cidade de Cirene, Manaém, que fora educado pelo próprio falecido Dr. Andrada, e Paulo. Entre todas as igrejas de toda a região, a que mais crescia era a de Antioquia. Todos esses cinco homens eram líderes natos e juntos administravam o ensino e a liturgia da igreja. Os cristãos eram um povo alegre que sempre se dispunha para o serviço do Reino de Deus e do amor ao próximo, além de, várias vezes, ajudar, com contribuições voluntárias, os irmãos de Damasco.

Certo dia, enquanto se reuniam em uma reunião de oração e adoração a Deus, o Espírito Santo falou ao coração daqueles homens, dizendo:

– Separem-me Barnabé e Paulo para a obra a que os tenho chamado.

Todos, em concordância, oraram a Deus colocando aquela palavra como a vontade de Deus. Após a reunião, os irmãos impuseram as mãos sobre Paulo e Barnabé e os abençoaram, entregando-os nas mãos de Deus. Os irmãos levantaram os dois, abraçaram-nos e, chorando, recomendaram-lhes que permanecessem firmes na causa do evangelho, independente da dificuldade que se levantasse. Barnabé, chamando Paulo de canto, pediu-lhe que levassem seu primo João Marcos também, para conferir a ele experiência na obra de Deus. Paulo concordou com o pedido de Barnabé, ainda que meio relutante, pois pensava se seria mesmo uma boa ideia levar alguém tão novo e inexperiente nesta missão. Mesmo após um ano, João Marcos continuava tendo dificuldades por causa do medo que sentia de se apresentar em público.

A viagem estava marcada para dali a uma semana. Enquanto isso, Paulo aproveitou para subir novamente à casa de Tiago para conversar mais com Pedro, Tiago e os demais cristãos, e lá permaneceu por alguns dias. Chegando à casa de Tiago, Barnabé animou Tiago e seus amigos contando-lhes como Paulo e ele haviam sido chamados pelo SENHOR para uma viagem missionária. Paulo agora era um homem dedicado a pregar o evangelho de Cristo Jesus e, com isso, Pedro, Tiago e João, estendendo-lhe as mãos, o saudaram com alegria e o recomendaram à graça de Deus como o mais novo membro da igreja a partir para difundir a palavra de Deus a quantos necessitassem ouvir. Voltando para casa, Paulo pôs-se a pensar em como sua vida mudara radicalmente nos últimos anos, e isso ainda lhe assustava, assim como pensar em seu ex-sogro, que agora era o novo líder da Igreja Nova Vida, desde que Andrada falecera inesperadamente durante seu discurso no templo. Pensava se teria uma boa receptividade, levando em consideração tudo o que ocorrera desde o término de seu noivado até juntar-se ao grupo de Tiago. Barnabé, vendo que seu companheiro estava absorto em seus pensamentos, sorriu-lhe, estendendo-lhe um prato de comida.

– Coma, Paulo – disse Barnabé. – Amanhã será um grande dia! Iniciaremos nossa primeira viagem missionária. Sinto-me ansioso e apreensivo ao mesmo tempo.

Paulo retribuiu-lhe a gentileza, lançando um sorriso amistoso para Barnabé e para João Marcos.

– Obrigado, meu amigo – disse Paulo. – Também me sinto preocupado, mas tenhamos fé. O próprio Deus foi quem nos chamou para essa obra. Ele cuidará de cada detalhe de nossa viagem.

– Creio que seria melhor irmos dormir agora, pessoal – disse João Marcos. – Amanhã acordaremos bem cedo. Será um grande dia este!

Tendo acabado de jantar, Paulo e os demais homens se deitaram para dormir. Paulo não conseguia dormir, pois sua mente viajava para além daquilo que estava por vir. Como sua vida mudara... Poderia ser ele agora o novo líder da Igreja Nova Vida, no entanto ali estava ele, deitado, esperando pelo raiar do sol na manhã seguinte para iniciar uma viagem missionária, onde espalharia o evangelho e confrontaria os ensinos errôneos da igreja que outrora liderara. A noite seguiu-se tranquila e Paulo adormeceu.

♦

Ao amanhecer, os três, Paulo, Barnabé e João Marcos, levantaram-se cedo e começaram a se preparar para partir. Com suas roupas simples de sempre, calça *jeans*, tênis branco e camisa polo, Paulo aprontou suas malas tendo toda sua atenção voltada para a grande missão que estava se descortinando à sua frente. Era essa a vontade do SENHOR, nisso ele cria. Tendo arrumado suas malas, desceram impelidos pelo Espírito Santo até o porto de Selêucia Piéria, uma região portuária da cidade de Antioquia, e de lá compraram a passagem de navio, custeada pela igreja, para a seu primeiro destino, a Ilha de Chipre. Chipre é uma famosa ilha situada no mar Egeu ao sul de Antioquia, na região da Galácia. A ilha é montanhosa, com duas grandes zonas acidentadas e separadas por um grande vale, conhecidos como Mesaoria, de onde se ergue a capital Nicósia. A viagem foi tranquila e sem muitos transtornos. Passados três dias de viagens, os três desembarcaram em Chipre e, do porto da grande ilha, rumaram para a cidade de Salamina, uma poderosa cidade-estado na costa oeste da ilha de Chipre, na foz do rio Pedieos, a seis quilômetros da cidade de Famagusta.

Chegando à Salamina, Paulo e seus amigos procuraram um lugar para descansar um pouco da viagem e comer alguma coisa. Não comiam nada desde que amanhecera o dia, por isso precisavam repor as energias antes de iniciar o árduo trabalho. Encontraram um restaurante à beira-mar e pararam para almoçar. Sendo servidos pelo garçom do restaurante, pediram o prato da casa como refeição e, depois do almoço, reuniram suas bagagens e partiram para o centro da cidade. Por ser uma cidade portuária, a cidade de Salamina estava sempre muito cheia de viajantes e comerciantes que vinham de toda parte para negociar com os habitantes daquela região. Aproveitando-se da movimentação do mercado da cidade, Barnabé chamou a atenção dos transeuntes para si, gritando a plenos pulmões para que o povo escutasse o que Paulo tinha a lhes dizer. Uma pequena multidão reuniu-se em torno dos três homens de Deus e estes, destemidamente, proclamaram o evangelho de Jesus Cristo para as pessoas que passavam. O povo recebeu a mensagem pregada por Paulo de bom grado e muitos foram os que aceitaram a fé em Cristo reconhecendo a necessidade do Salvador. Terminada a pregação, Paulo, Barnabé e João Marcos seguiram a caminhada, indo por toda a ilha anunciando a Cristo Jesus por onde passavam, e chegaram, próximo ao pôr do sol, à cidade de Pafos, no sudoeste de Chipre.

Pafos era uma célebre cidade, conhecida por seu famoso templo da deusa Afrodite, pois, como dizia a lenda, era o local onde a deusa nascera. Era uma cidade de beleza ímpar, adornada com seus jardins, com inúmeras salas pavimentadas com mosaicos do mais puro granito e mármore.

– Esta cidade é realmente fantástica, pessoal – exclamou João Marcos. – Olhem quanta gente!

Paulo e Barnabé sorriram-lhe e concordaram com sua afirmação. A cidade era realmente magnífica.

– É verdade Marcos – disse-lhe Barnabé. – Mas não esqueça que nosso foco aqui é evangelístico, não estamos a passeio.

João Marcos sentiu-se um pouco sem jeito com a repreensão de seu primo. Percebeu que seu comentário não fora feliz.

– Que é isso, Barnabé? – repreendeu-lhe Paulo. – É normal que o rapaz se sinta impressionado com tudo por aqui, afinal de contas ele jamais havia saído de Damasco e Antioquia antes!

Os três continuavam sua caminhada pela cidade no intuito de encontrar um local onde poderiam reunir algumas pessoas para ouvir a mensagem de Jesus Cristo.

– Ali, vejam! – exclamou Paulo. – Aquele lugar ali é perfeito, parece-me ser a praça central da cidade. Há um grande número de pessoas reunidas ali. Vamos até lá, pessoal.

A cidade de Pafos, porém, estava totalmente entregue à idolatria e à feitiçaria, pois naquela região vivia um homem chamado Barjesus que exercia as artes mágicas, usando roupas espalhafatosas e brilhantes, cheio de colares pelo pescoço, com símbolos estranhos e muito mais – um falso profeta, assessor direto do governador da cidade, chamado Sérgio Paulo.

Como era um homem culto e gostava de estar inteirado de todo e qualquer assunto referente ao sobrenatural, o governador Sérgio Paulo, sabendo que Paulo e seus amigos haviam chegado a sua cidade, pediu que eles fossem levados à câmara do governador para que este pudesse ouvir a mensagem do evangelho. Os mensageiros do governador foram até a praça central da cidade, onde Paulo estava pregando, e lhe comunicaram o convite do governador, o qual Paulo e seus amigos aceitaram de imediato.

A multidão na cidade começava a abandonar a idolatria por causa da proclamação do evangelho por intermédio de Paulo e Barnabé, e dia a dia procuravam saber mais acerca do reino dos céus.

Assim que Paulo, Barnabé e João Marcos chegaram ao grande salão da câmara do governador, foram muitos bem recebidos por Sérgio Paulo, que estava muito ansioso para conhecer acerca da mensagem que arrebatara o povo de sua cidade.

– Ilustres viajantes – disse Sérgio Paulo –, soube que vocês chegaram a esta cidade trazendo novas de grande alegria. Tal alegria conseguiu se espalhar por toda esta província. Pois bem, contem-me, que novidades são essas?

O semblante dos viajantes se iluminou com a providência de Deus em comunicar o evangelho a alguém tão importante naquela cidade. A casa do governador estava cheia de convidados ilustres da cidade, pessoas importantes do alto escalão do poder jurídico, econômico e do comércio. Todos os amigos do governador Sérgio vieram, a seu convite, para ouvir o que os viajantes tinham para anunciar. Entre os convidados para a ocasião, estava também Elimas, o encantador, pois seu nome, Barjesus, se interpreta dessa maneira. Chegando à câmara do governador e encontrando toda aquela multidão de pessoas importantes dando ouvidos a Paulo, muito se enfureceu o falso profeta. Entrou no grande salão às pressas e, chamando todos a si, começou a falar contra Paulo e o evangelho.

– Senhoras e senhores – disse Elimas –, como podem permitir que tal coisa aconteça nesta sala? Pois estes homens que aqui anunciam essas palavras não passam de enganadores querendo persuadi-los a aceitar como verdadeiras essas mentiras a respeito deste tal Jesus que, dizem, ressuscitou.

A multidão parecia confusa com as palavras de Elimas, pois era um homem de grande respeito e autoridade em Pafos e de total confiança de Sérgio Paulo. Chamando para si o governador e rindo-se sarcasticamente de Paulo, apontando-lhe o dedo, continuava a falar. Paulo mantinha-se em silêncio.

– Ora, senhores – ria-se Elimas –, todos nós sabemos que os mortos não voltam dos túmulos! Esses homens estão os enganando, achando que vocês são tão ignorantes a ponto de não saberem da verdade. Alguém aqui já viu ou mesmo ouviu de algum morto que tivesse se levantado de seu túmulo?

Elimas guardou silêncio dando tempo para que suas palavras caíssem na razão das pessoas ali presentes. Podia-se ouvir o murmúrio das pessoas reunidas no salão e as opiniões começavam a se dividir e pender para o lado de Elimas. Mesmo o governador começava a reconsiderar a ideia de continuar recebendo a visita de Paulo e seus amigos.

– Creio que o mais sensato, neste momento, seria expulsar esses homens de nossa amada cidade – disse Elimas enfaticamente.

Todavia, Paulo, cheio do Espírito Santo, não podendo mais se conter, fitou seus olhos em Elimas. Os olhos de Paulo brilhavam e faiscavam demonstrando sua determinação e coragem. Elimas sentiu-se retraído e temeroso diante do homem de Deus e, tentando se defender, não conseguia pronunciar palavra qualquer.

– Ó filho do diabo, cheio de todo o engano e de toda a malícia – trovejou Paulo, estendendo-lhe o dedo, que coriscava como que irradiando poder –, inimigo de toda a justiça, você não vai parar de perturbar os retos e puros caminhos do SENHOR?

A multidão ficou atônita com a ousadia de Paulo. Jamais alguém na cidade ousara se levantar e falar dessa forma contra aquele homem. O olhar de todos convergiu-se para Elimas, que estava apavorado e perplexo. Tentou dizer algo em sua defesa, porém Paulo, não dando oportunidades para o homem iníquo, continuou sua sentença.

– Pois agora – prosseguiu Paulo –, como você se atreveu a se levantar contra a obra de Deus, a mão do SENHOR virá contra você. Ficará sem poder enxergar por algum tempo.

No instante em que Paulo terminou de proferir essas palavras, uma escuridão densa cobriu os olhos de Elimas, o encantador, que desesperado começou a gritar pedindo socorro e procurando quem o guiasse pelas mãos.

Um grande alvoroço se fez naquele salão enquanto Paulo, Barnabé e João Marcos permaneciam em silêncio, de cabeça baixa, apenas aguardando o momento certo para falar.

O governador estava pasmo, branco como a neve e tremendo dos pés à cabeça. Todos viram o poder de Deus subjugar um homem conhecedor das artes mágicas, considerado um grande poder naquela região. Trêmulo e convicto, Sérgio Paulo creu na pregação de Paulo, maravilhado da doutrina do SENHOR, mediante o sinal que se operara naquele lugar.

◆

Rapidamente a palavra do SENHOR se espalhava pela região da Galácia e muitos eram os que se convertiam a Jesus Cristo por meio de Paulo e companhia. Até aqui sua missão estava sendo um sucesso. Após o incidente na câmara do governador da cidade de Pafos, Sérgio Paulo convidou os viajantes a passar a noite em sua casa, como seus hóspedes de honra. Um maravilhoso jantar fora servido para os três homens que, famintos, serviram-se na companhia do governador, que lhes fazia muitas perguntas a respeito do Caminho.

Aos poucos, a cidade de Pafos começava a repudiar a idolatria, que tão arraigadamente estivera em sua cultura e civilização, e começava a abraçar a recém-descoberta fé em Cristo Jesus, por meio do evangelho da graça de Deus.

Ao terminar o jantar e despedirem-se de seu anfitrião, Paulo e seus amigos recolheram-se em seus aposentos, na casa de Sérgio Paulo, a fim de descansar naquela noite e continuar a jornada no dia seguinte.

Uma dúvida ainda pairava na cabeça de Paulo: como fariam para continuar viagem, em um território para eles desconhecido, sem um guia? Até o presente momento, eles chegaram a pontos conhecidos por todos, porém ainda havia muitos lugares para ir e visitar. Paulo sabia que precisaria de um guia. Antes de dormir, Paulo reuniu-se com Barnabé e João Marcos para orarem a Deus, pedindo que o SENHOR os guiasse para onde quisesse que o evangelho fosse levado. Deitado em sua cama, Paulo apenas pensava na sua missão. Estava longe de Damasco ou de Tarso, pois Deus o havia levado para lugares e situações que jamais pensara que um dia enfrentaria. Estava também afastado do poder religioso da Igreja Nova Vida. Por quanto tempo, não sabia, apenas sabia que muitos desafios ainda despontariam para eles. Em uma coisa Paulo também pensava: mais cedo ou mais tarde teria que confrontar o poder da Igreja Nova Vida. E, quando isso acontecesse, pedia que Deus lhe concedesse forças para não negar sua fé. A noite caiu, e logo o sol raiou.

◆

No dia seguinte, ao amanhecer, Paulo e seus amigos levantaram-se e, após o café da manhã na companhia do governador, rumaram para o porto da cidade onde compraram a passagem de navio para a próxima cidade, a cidade de Perge, localizada na região da Panfília. Perge era uma cidade costeira situada a uns dez quilômetros da costa, e cerca de cinco quilômetros do grande rio Kaistros. Essa cidade era conhecida também, por ser uma região de extrema pobreza, conhecida pelo alto índice de criminalidade e violência. Muitos bandidos espreitavam pelas estradas que levavam à capital, e este era um perigo não ignorado por Paulo.

– Precisamos ter bastante cautela, pessoal – disse-lhes Paulo. – Estamos em uma região muito perigosa!

A estrada para a cidade de Perge era tão estreita que nenhum veículo se atrevia a passar. O único meio de se chegar à cidade era a caminhada, de umas duas horas, pelas estradas de terra e pedregulhos. Os três homens de Deus andavam com cuidado pelas vias escuras e sombrias da cidade portuária, mantendo-se sempre alertas quanto a qualquer movimentação suspeita. Vez ou outra aparecia algum cidadão de Perge transitando pela estrada, porém, na maior parte do tempo, não se via uma alma viva em toda extensão do caminho.

– Paulo, por favor – disse Barnabé, ofegante –, precisamos descansar um pouco. Já não sou mais tão jovem, meus pés estão doendo muito!

Paulo concordou em pararem por alguns minutos para se recomporem, porém precisavam permanecer atentos, a todo instante, pois a qualquer momento poderiam ser surpreendidos por assaltantes de estrada. João Marcos tremia de medo. Aquela região lhe dava medo, não queria mais continuar a viagem, pois temia por sua própria vida. O que começou como algo interessante e divertido, perdera toda a graça para ele.

– Eu quero ir embora daqui, pessoal! – disse Marcos, tremendo e pálido.

Paulo e Barnabé fitaram-no pasmados. Justamente agora ele queria voltar? Barnabé aproximou-se de seu primo e começou a lhe falar.

– Mas por que, Marcos, o que aconteceu?

– Estou com medo! Ninguém me disse que enfrentaríamos riscos. Isso é loucura, pessoal! Ainda não perceberam que estamos arriscando perder a vida? Essa região é perigosa. Vejam, não há uma única alma viva, e ainda podemos ser surpreendidos por assaltantes que levarão tudo o que temos e ainda poderão nos matar!

Barnabé voltou-se para Paulo, que demonstrava um semblante tenso e carregado. Paulo nunca fora sociável com pessoas covardes, que desistiam tão fácil de um determinado projeto ou empreendimento. Era um defeito grave nele, que precisaria ser tratado.

– Deixe-o ir embora, Barnabé – disse Paulo, de forma enfática e seca. – Não temos lugar para covardes nessa missão. Ele só nos atrapalharia desse jeito. Deixe-o!

– Paulo! – exclamou Barnabé. – Não fale assim com o rapaz, não seja tão duro. Não é assim que se trata com nossos irmãos.

João Marcos baixou sua cabeça, sentindo-se humilhado. As palavras de Paulo vieram como facas afiadas em seu coração.

– Esqueça, Barnabé – prosseguiu Paulo, agora encarando João Marcos. – A obra de Deus não pode ser prejudicada por causa de covardes. Com ele ou sem ele, continuaremos a proclamar o evangelho. Vamos em frente, Barnabé!

Paulo continuou a caminhada pela difícil estrada, enquanto Barnabé, colocando as mãos sobre os ombros de seu primo, despediu-se, recomendando-o à graça de Deus.

Ambos abraçaram-se e depois se separaram, cada qual indo por seu caminho. João Marcos regressou a Damasco, comprando uma passagem de navio para sua cidade, enquanto Barnabé alcançou Paulo e, juntos, continuaram sua caminhada. Paulo e Barnabé permaneceram quietos por quase todo o caminho. Barnabé sentiu a dureza de coração de seu companheiro, porém sabia que para essa obra ambos foram separados pelo Espírito de Deus, portanto continuaram a viagem.

♦

Após a caminhada pela estrada de Perge, não encontrando ali nenhuma oportunidade para a pregação do evangelho, ambos prosseguiram viagem até Antioquia da Pisídia, uma importante cidade da região da Galácia, localizada na fronteira da Frígia com a Pisídia. Chegando a Antioquia da Pisídia, Paulo e Barnabé dirigiram-se ao centro cultural da cidade. Um lugar vasto e sempre cheio de pessoas de toda região que vinham para estudar e participar de palestras sobre os mais variados temas.

Paulo e Barnabé aproximaram-se do espaço reservado para palestras e assentaram-se nos fundos, de onde podiam assistir ao palestrante que terminava de discorrer sobre o tema: "Se Deus é bom, por que há tanto sofrimento neste mundo?"

O palestrante, um homem culto, aparentando sessenta ou setenta anos, trajando um belo *blazer* azul, com uma calça de microfibra e sapatos de couro, estava terminando sua palestra, na qual demonstrava, por meio da razão humana, alguns conceitos do porquê de tanto sofrimento no mundo.

– Eis o que Epicuro, grande filósofo grego do século IV a. C., nos ensina: Se Deus existe e é bom – dizia o argumento do orador –, por que tanto sofrimento no mundo? Se Ele é todo-poderoso, resolver os problemas sociais da humanidade lhe seria muito simples. Logo, se Ele é bom, mas não pode fazer nada quanto ao problema do mundo, é razoável pensar que Deus não é todo-poderoso. Mas, se Ele pode resolver todos os problemas da raça humana e mesmo assim não o faz, deve ser por que Ele não seja bom. Logo, a que conclusão isso tudo nos leva? A de formular a ideia de que Deus não existe!

– Isso mesmo – prosseguiu o orador. – Um Deus como este não pode existir, é puramente uma invenção de fundamentalistas que tentam nos coagir a pensar e a agir como eles. A religião nada mais é do que a muleta que sustenta a esperança daqueles que são simples e ignorantes, sem muita instrução e conhecimento!

Terminando sua argumentação, o orador perguntou à plateia se não havia ninguém que quisesse expressar alguma opinião sobre o tema discorrido. Todos permaneceram calados. Afinal, o que responderiam diante de alguém tão culto e que colocara de forma tão brilhante seus argumentos?

Paulo, estendendo as mãos, pediu oportunidade para falar.

– Meu rapaz – disse o palestrante. – Se você tem alguma palavra de conforto e encorajamento para esta plateia, então fale. Você ouviu meus argumentos. Será que você pode contestá-los?

Paulo observava cuidadosamente as pessoas no auditório, que eram, em sua maioria, adolescentes, meninos e meninas usando tatuagens, *piercings* e roupas da última moda. Todos os olhos dos jovens pousaram sobre a figura de Paulo, que demonstrava certa segurança no que iria dizer. Esta não era a primeira vez que Paulo se colocaria na mira de um público tão jovem e desafiador como aquele, pois já tinha alguns anos de prática com situações como aquela. E defender seus próprios argumentos era uma habilidade incrível na pessoa de Paulo.

Paulo pensou por um instante, cruzando os braços e colocando uma de suas mãos sobre o queixo, que não seria uma tarefa fácil aquela. O palestrante colocara bem suas palavras e argumentos de acordo com o conceito humanista que cria e defendia.

Pondo-se em pé, Paulo, fazendo sinal com as mãos, disse-lhes:

– Jovens, meninos e meninas que hoje estão neste lugar, ouçam-me! Preciso reconhecer, em primeiro lugar, que este homem que acabou de lhes falar tem um ótimo conhecimento filosófico humanista, porém reconhecer tal habilidade não significa que eu concorde com ele. Muito pelo contrário! Procurarei, agora, desconstruir cada argumento seu com base nas Escrituras Sagradas e na lógica humana.

Alguns dos jovens ali presentes começaram a se acotovelar e murmurar algumas palavras entre si. Lá estava um daqueles fundamentalistas, dos quais o palestrante falara anteriormente, que pensava que tudo no mundo se resolvia com a Bíblia nas mãos – assim pensavam alguns dos jovens. Todos, porém, fizeram um silêncio profundo aguardando para ver o que Paulo diria em resposta ao palestrante. Barnabé estava tenso, temia por seu amigo. O palestrante havia tecido argumentos muito bem elaborados para uma plateia que se mostrava mais propensa a acreditar nele do que na teologia de Paulo. – Paulo será trucidado – assim pensava Barnabé. Já conseguia imaginar seu amigo sendo colocado em descrédito no meio daquela plateia hostil.

Paulo então começou a argumentar cuidadosamente, tendo sempre cuidado para que todos o entendessem. Mantinha sempre seus olhos fitos nos olhos daquela plateia tão jovem, procurando interagir com aquela multidão de adolescentes.

– Para começar, precisamos compreender aqui que este homem citou-lhes um pensamento célebre de Epicuro que, como já mencionado antes, era um filósofo grego do século IV a.C. A Epicuro e a seu pensamento, eu atribuo meu respeito e minha admiração, afinal ele foi honesto em sua reflexão sobre Deus. Não há qualquer problema em usar a mente pensante que Deus nos deu. É até sabido que a usemos, porém alguns homens utilizam esse paradoxo de Epicuro para sustentar sua total descrença em Deus. Isso não é correto!

Com essa introdução, Paulo conseguiu fisgar a atenção dos seus ouvintes. Mesmo o palestrante percebera que à sua frente não estava um homem qualquer e sim alguém que falava com conhecimento de causa.

Todos ficaram impressionados com a oratória do jovem pastor que lhes falava com ousadia e eloquência.

– Epicuro referiu-se nesse paradoxo como não sendo possível existir em Deus ambos: a bondade e a onipotência. Porém as Escrituras tanto nos fazem menção da bondade de Deus quanto da sua onipotência coexistindo em perfeita harmonia. E como podemos perceber esses elementos tão paradoxais, a princípio, sendo manifestos simultaneamente? Para responder a essa pergunta, precisamos refletir sobre outro fator que representa outro possível paradoxo em Deus, e, quando o entendemos, percebemos a harmonia que se revela. Esse paradoxo é sobre a justiça e a misericórdia de Deus, dois conceitos antagônicos que se unem em um episódio marcante na história: na cruz de Cristo.

O palestrante sentiu-se desconfortável com essa última declaração de Paulo.

– Como pode justiça e misericórdia, dois conceitos tão antagônicos – exclamou o orador, demonstrando indignação – harmonizarem-se num episódio tão grotesco como a cruz de Jesus Cristo? Isso é impensável, meu jovem!

Paulo olhou ao redor e percebeu no semblante de cada pessoa a mesma indignação que o orador demonstrava. Voltando-se novamente para seu raciocínio, Paulo continuou a falar, com um tom apaixonado nas palavras.

– O livro do Gênesis nos diz que *"No princípio Deus criou o céu e a terra"*... (Gênesis 1.1 NVI). Pois bem, quando Deus criou a terra e os céus, criou tudo perfeito. Tendo criado o homem à *"sua imagem conforme sua semelhança"* (Gênesis 1.26 NVI), este desfrutava de íntima comunhão com seu Criador, porém creio que todos já conhecem como essa história vai terminar, não é mesmo?

Paulo aguardou em silêncio enquanto as pessoas absorviam suas palavras. Uma jovem na plateia, usando *piercings* nas orelhas, roupas de roqueira e um cabelo cor de fogo, levantou a voz e exclamou.

– Sabemos, sim, que o homem e a mulher comeram a maçã e foram expulsos do paraíso. Minha avó já me contou essa história milhões de vezes quando eu era criança.

Todos riram ao ouvir o comentário da jovem, inclusive Paulo e Barnabé. Paulo prosseguiu.

– Muito bem, minha jovem, deveria ter ouvido mais a sua avó. Porém, não foi uma maçã que o casal no Éden comeu!

A expressão de espanto no rosto dos jovens se fez perceber e isso pareceu divertido para Paulo e Barnabé, que discretamente trocaram sorrisos amistosos.

O palestrante ouvia Paulo argumentar e estava impressionado. Jamais ouvira uma exposição bíblica tão convincente e diferente. O que o levara a seguir o humanismo fora exatamente a falta de vivacidade por parte dos pregadores e das igrejas que frequentara em sua juventude.

– As Escrituras mencionam apenas que o casal não poderia comer do fruto da árvore do conhecimento do bem e do mal, que estava no meio do jardim, mas em lugar algum diz que fruto era este! Dizer que era uma maçã é apenas dizer aquilo que o texto bíblico não diz. Mas voltemos ao assunto.

Todos no salão de palestras sorriram, Paulo conseguira cativar de tal forma o público, que eles poderiam ficar o resto do dia ouvindo-o sem perceber o tempo passar. Aos poucos, o Espírito Santo fazia seu trabalho no coração de algumas pessoas ali presentes.

– Com a queda do homem, toda sorte de calamidades começou a assolar a humanidade, pois como nos diz as Escrituras: *"Portanto, da mesma forma como o pecado entrou no mundo por um homem, e pelo pecado a morte, assim também a morte veio a todos os homens, porque todos pecaram"* (Romanos 5.12 NVI). Logo, não foi culpa de Deus toda a maldade que vem assolando a todos desde o princípio dos tempos. O homem pecador é que vem causando toda sorte de males, uns aos outros. Mas, o que Deus fez com respeito ao problema do mal? Nada? De maneira nenhuma!

Eis o que aconteceu: O pecado do homem o afastou de Deus, conforme declara o profeta Isaías:

"Mas as suas maldades separaram vocês do seu Deus; os seus pecados esconderam de vocês o rosto dele, e por isso ele não os ouvirá" (Isaías 59.2 NVI). De outra sorte também nos diz: *"Todos nós, tal qual ovelhas, nos desviamos, cada um de nós se voltou para o seu próprio caminho"* (Isaías 53.6 NVI). Desde então, Deus tem procurado se achegar mais perto do homem que criou. Porém, havia um problema: a Bíblia diz que: *"o salário do pecado é a morte"* (Romanos 6.23 NVI) e diz também: *"a alma que pecar, essa morrerá"* (Ezequiel 18.4 NVI). O homem entrou num grande dilema, numa dívida para com Deus, pois, como podia Deus demonstrar misericórdia e justiça contra o homem uma vez que sua justiça exigia que o salário fosse pago, que o transgressor morresse? E por outro lado, sua misericórdia pedia o perdão para o transgressor? E as Escrituras declaram: *"se somos infiéis, ele permanece fiel, pois não pode negar-se a si mesmo"* (2 Timóteo 2.13 NVI). Deus não poderia satisfazer sua justiça negando, assim, sua misericórdia, da mesma forma que não poderia satisfazer sua misericórdia em detrimento de sua justiça. Deus precisava ser justo e misericordioso para com o homem pecador. Mas como?

Mais pessoas se aproximavam do grupo de palestras, ao ouvirem Paulo discorrer sobre um tema tão polêmico. Havia muitos curiosos presentes, alguns simpáticos à ministração de Paulo, outros apenas ridicularizavam o jovem pastor. A multidão estava dividida, porém isso em nada incomodava Paulo, pois falar do evangelho era para ele um prazer.

– Penso que estamos todos perdidos, então! – disse um jovem de jaquetas de couro, cabelos moicanos e tatuagens nos braços.

Uma jovem, timidamente, levantou a mão, ficando ruborizada à medida que falava.

– Nesse caso, como podemos ser salvos, digo, se estamos mesmo, como diz você, com uma dívida com Deus?

Paulo sorriu para a jovem fitando, com carinho, a multidão que o observava em cada movimento.

O palestrante, sentado, chorava ouvindo a mensagem do evangelho. As palavras de Paulo tocaram-lhe fundo no coração. Para ele, também, era importante saber o que deveria fazer para se salvar.

– Fico feliz que vocês estejam demonstrando interesse em minhas palavras – disse Paulo. – Mas agora me deixem lhes dizer o que é necessário para que vocês sejam salvos.

Barnabé estava maravilhado. Nunca antes ouvira Paulo pregar daquela forma. Sabia que ele era um grande pregador, porém naquela tarde Paulo estava falando de uma forma mais apaixonada, e um clima suave como uma brisa podia-se sentir no auditório. Todos estavam estáticos – podia-se ouvir o som da respiração de cada um ali – com os olhos brilhando, apenas esperando as palavras de Paulo.

– Por méritos próprios ninguém poderá ser salvo – bradou Paulo –, pois as Escrituras declaram: *"porque pela prática da Lei ninguém será justificado"* (Gálatas 2.16 NVI), e também diz: *"Portanto, ninguém será declarado justo diante dele baseando-se na obediência à Lei, pois é mediante a Lei que nos tornamos plenamente conscientes do pecado"* (Romanos 3.20 NVI). Por melhores e mais bem intencionadas que possam ser as obras, não é suficiente para garantir a salvação. Ninguém pode ser considerado justo com base em sua própria justiça, pois, por melhor e mais íntegro que seja o homem, sua justiça, para Deus, não significa nada. As Escrituras declaram: *"Somos como o impuro – todos nós! Todos os nossos atos de justiça são como trapo imundo. Murchamos como folhas, e como o vento as nossas iniquidades nos levam para longe"* (Isaías 64.6 NVI).

Todos pasmaram diante dessa exposição de Paulo. Como é possível? Salvação sem méritos próprios? De que maneira, sem obras? Isso era por demais perturbador para o povo.

– Por favor, meu jovem – disse o palestrante, com sua voz embargada. – Diga-nos, como pode ser uma coisa dessas, quero dizer, salvação sem obras? Eu não tenho condição de merecer minha salvação, de lutar por ela? Explique-me, por favor! Como faço então para obter a salvação de minha alma?

– Cristo Jesus, sendo Deus, se fez homem para morrer por nossos pecados! De sorte que o salário do pecado é a morte, e que *"sem derramamento de sangue não há perdão"* (Hebreus 9.22 NVI), Cristo Jesus se entregou na cruz para pagar a dívida que ninguém poderia pagar. Ele morreu por você e por mim! Mas a história não para por aqui. Deus, o Pai, ressuscitou Jesus de Nazaré e hoje estou aqui para proclamar e fazer com que vocês saibam que Ele vive! Assim, Deus, em Cristo, pode tanto ser justo como misericordioso, punindo o pecado em Cristo e concedendo a cada um seu perdão, como bem diz as Escrituras: *"Portanto, agora já não há condenação para os que estão em Cristo Jesus porque por meio de Cristo Jesus a lei do Espírito de vida me libertou da lei do pecado e da morte. Porque, aquilo que a Lei fora incapaz de fazer por estar enfraquecida pela carne Deus o fez, enviando seu próprio Filho, à semelhança do homem pecador, como oferta pelo pecado. E assim condenou o pecado na carne, a fim de que as justas exigências da Lei fossem plenamente satisfeitas em nós, que não vivemos segundo a carne, mas segundo o Espírito"* (Romanos 8.1-4 NVI). E em outra passagem nos diz: *"Certamente ele tomou sobre si as nossas enfermidades e sobre si levou as nossas doenças; contudo nós o consideramos castigado por Deus, por Deus atingido e afligido. Mas ele foi transpassado por causa das nossas transgressões, foi esmagado por causa de nossas iniquidades; o castigo que nos trouxe paz estava sobre ele, e pelas suas feridas fomos curados"* (Isaías 53.4,5 NVI).

Paulo hesitou por um instante deixando que suas palavras caíssem no coração dos ouvintes que, em lágrimas, absorviam cada palavra. Estendendo seu dedo para o rosto de cada um, Paulo lançou sua última cartada.

– Agora, vocês podem estar se perguntando: "O que faremos então, o que precisamos fazer para receber o perdão?" A resposta é simples: Arrependam-se cada um de vocês e recebam em si o perdão dos pecados que Deus oferece de graça. Deus lhes perdoará os pecados e vocês então serão salvos, pois: *"Por meio dele, todo aquele que crê é justificado de todas as coisas das quais não podiam ser justificados pela Lei de Moisés"* (Atos 13.39 NVI). A salvação é unicamente pela fé em Cristo Jesus, sendo um presente de graça, um favor imerecido. *"Pois vocês são salvos pela graça, por meio da fé, e isto não vem de vocês, é dom de Deus; não por obras, para que ninguém se glorie"* (Efésios 2.8,9 NVI). Mas, agora, voltemos à questão do sofrimento universal, que tem assolado a humanidade desde os primórdios. Deus já se encarregou da questão que trouxe o mal à terra. Cabe a cada um agora receber a Cristo Jesus como o sacrifício vicário de Deus por nós. Como aquele que levou a penalidade dos nossos pecados sobre si mesmo. Fazendo isso, há a garantia, das Escrituras, de que um dia teremos enxugado de nossos olhos toda lágrima e viveremos em um lugar, juntos com Deus, onde não haverá mais miséria, fome nem dor. O céu é para os que crerem em Cristo Jesus.

Paulo esperou por um instante fitando cada rosto para saber a reação dos ouvintes. Percebeu que o evangelho havia cativado alguns e então finalizou sua participação.

– Pensem comigo por um instante: de que adiantaria Deus resolver todos os problemas sociais da humanidade, sem modificar os corações dos homens!

Todos no salão estremeceram diante dessa colocação de Paulo, baixaram suas cabeças e colocaram-se a raciocinar por um instante. O palestrante estava perplexo com essa afirmação. Atônito, ele respondeu:

– Ou seja – disse o palestrante –, você quer dizer que, mesmo que Deus resolvesse nossos problemas, com referência ao sofrimento, por exemplo, ainda assim transformaríamos tudo novamente num caos?

Paulo sorriu e continuou.

– É isso que estou dizendo. O evangelho de Jesus Cristo visa mudar os corações dos homens e transformá-los de dentro para fora. Ainda que Deus resolvesse todos os problemas, o homem pecador destruiria novamente aquilo que Deus recriou. O problema não é Deus, Ele não é o culpado, nós é que somos. São as más escolhas dos homens e a má administração deste mundo que o tornou como ele é hoje. Não Deus!

Paulo encerrou sua participação devolvendo a palavra para o palestrante. Todos estavam comovidos e arrependidos por suas condutas erradas diante de Deus. Paulo e Barnabé fizeram menção de ir embora, porém o povo os cercou e, em alegria, receberam a fé em Cristo Jesus, inclusive o palestrante. Todos os que estavam destinados à vida eterna, foram salvos.

A palavra do SENHOR fora bem recebida e se espalhara em toda a região, porém o diretor do centro cultural, junto com seus assessores, vendo que a multidão recebera a palavra de Deus, expulsou Paulo e Barnabé daquele lugar. Os membros diretores do centro cultural eram adeptos do ateísmo e por isso sentiram-se afrontados de que estranhos viajantes pregassem o evangelho e, por meio dele, levassem pessoas à fé. Estes, mandando que alguns capangas tirassem os dois missionários de lá, causaram um pequeno tumulto percebido por todos os presentes. Ao serem jogados para fora, Paulo levantou-se, ajudando Barnabé a se levantar e sacudindo a poeira dos pés, em sinal de protesto contra eles, e dirigiram-se para seu próximo destino: a cidade de Icônio. Os novos convertidos, porém, permaneceram cheios de alegria e do Espírito Santo.

Capítulo 9

O retorno triunfante para casa

Icônio era uma cidade de economia estável e vivia da agricultura e do comércio de produtos agrícolas. Os cidadãos dessa cidade eram pessoas simples e hospitaleiras que sempre acolhiam muito bem os viajantes e os peregrinos que passavam por lá. Sendo já o terceiro dia desde que Paulo e Barnabé deixaram a cidade de Antioquia da Pisídia, ambos chegaram à cidade de Icônio. Na cidade de Icônio, havia uma das congregações da Igreja Nova Vida, por isso os missionários desceram até ela para visitar os irmãos e pregar o evangelho. Chegando à igreja, no culto da noite, ambos apresentaram-se ao pastor local da igreja de Icônio e foram escalados para darem uma mensagem de saudação. A igreja era grande e sempre muito cheia, tanto de cristãos antigos como de pessoas presentes pela primeira vez. Percebendo uma grande oportunidade para proclamar o evangelho de Jesus Cristo, Paulo e Barnabé se puseram, cada um por sua vez, a pregar a palavra do SENHOR, procurando persuadir todos ali de que o mais importante na vida cristã não era o que se podia obter nesta terra, nesta vida terrena, mas antes crer de todo coração na pessoa de Jesus Cristo.

À medida que falavam, procuravam atacar com a mensagem do evangelho o ensino errôneo que por tanto tempo a Igreja Nova Vida os ensinou. Ali, falaram de tal modo que veio a crer grande quantidade de pessoas, tanto cristãos como novos convertidos. Porém, os líderes da igreja em Icônio, que se recusaram a crer, começaram a incitar alguns no meio do povo contra os dois missionários.

♦

Paulo e Barnabé passaram alguns dias nesta cidade, tendo sido hospedados na casa de um dos irmãos da igreja. A noite estava fria e o vento assobiava do lado de fora da casa.

– Meus irmãos – disse o anfitrião –, eu creio que seria razoável que vocês saíssem da cidade o mais rápido possível, para seu próprio bem!

Enquanto comiam uma refeição, Paulo e Barnabé se perguntavam por que tanta preocupação do seu anfitrião.

– Mas por que nos pede uma coisa dessas, meu irmão? – perguntou Paulo, sentindo-se um pouco desconfortável.

O dono da casa, levantando-se da mesa e olhando fixamente para os dois missionários, disse.

– Percebo que vocês são homens de Deus e vieram a esta cidade para pregar o evangelho, porém nossos líderes são pessoas obstinadas que, durante muito tempo, foram condicionados a agir e pensar nos moldes de uma religião que oprime o povo de nossa amada cidade.

Paulo fitava o homem sob a luz de um lampião, sabendo exatamente do que ele falava. Era certo que a Igreja Nova Vida havia deixado a verdade do evangelho para pregar um falso ensino de ilusões na tentativa de tirar proveito do povo que, por falta de instrução na palavra de Deus, facilmente era preso. O próprio Paulo fora um dos pregadores que manipulava a palavra de Deus em benefício da ganância de seu ex-líder maior, Dr. Carlos Andrada. A religiosidade havia tomado conta das igrejas e o poder do dinheiro falava mais alto. Isso era algo que oprimia o povo sincero que amava a Cristo Jesus e procurava viver de acordo com as verdades do evangelho.

– O povo precisa do ensino da palavra de Deus, porém todo aquele que já tentou se levantar contra a opressão da religiosidade foi derrubado pela liderança da Igreja Nova Vida. Quando vocês estavam falando na igreja, pude sentir uma alegria, uma paz que há tanto tempo não sentia na minha alma. Os cultos têm se tornado tão vazios e sem vida que não sei mais o que será do povo daqui pra frente. Sua mensagem me confortou! Creio em Cristo, na palavra de Deus, porém o povo daqui está se tornando cada vez mais religioso, sem vida, preocupando-se mais com a o seu próprio bem-estar do que com a salvação de suas almas.

Barnabé deixou seu prato de lado e, olhando para Paulo, começou a falar.

– Sabemos exatamente como você se sente, meu amigo. Viemos da cidade de Damasco, da sede da Igreja Nova Vida, conhecemos o próprio Carlos Andrada e seu braço direito, o agora líder máximo da igreja, Dr. Tavares. Durante muito tempo também pensamos exatamente como você. O próprio Paulo foi pastor titular que encabeçou a construção daquele megatemplo e também nos perseguiu ferozmente quando resolvemos nos levantar contra a corrupção na igreja.

Paulo aquiesceu, meneando com sua cabeça, sorrindo para seu anfitrião e demonstrando bondade e compreensão.

– O que Barnabé diz é verdade! Estamos aqui nesta cidade, seguindo a determinação do próprio Deus, para espalhar seu evangelho e trazer o povo de volta para o verdadeiro sentido das Escrituras, isto é, Jesus Cristo. Sabemos dos perigos de se levantar contra a Igreja Nova Vida, porém mais importa obedecer a Deus do que aos homens!

– Tem mais uma coisa – disse o anfitrião demonstrando preocupação pelo seu tom de voz. – Fiquem sabendo que a multidão na igreja está dividida por causa de sua pregação.

Ambos, Barnabé e Paulo, entreolharam-se surpresos e em uníssono perguntaram:

– Dividida? O que quer dizer com isso?

– Eu participei da última reunião de ministério e vi como o povo estava dividido: alguns eram a favor de vocês, senhores, enquanto outros estavam ao lado dos líderes locais. Nossa liderança então, reunindo-se, resolveu expulsá-los de nossa cidade. Se vocês se recusarem, eles irão apedrejá-los até a morte!

– O que faremos agora, Paulo? – perguntou Barnabé. – Vamos voltar para Antioquia?

Paulo baixou os olhos e começou a pensar por um momento. Todos na casa fizeram um silêncio esperando pela resposta de Paulo. Embora temesse arriscar a vida de Barnabé, Paulo sabia, em seu íntimo, que ainda não era o momento certo de voltarem.

– Não! – respondeu Paulo. – Ainda não voltaremos. Nossa missão ainda não terminou, Barnabé.

Barnabé sabia que esta seria a resposta de Paulo e que seu companheiro era por demais obstinado. Cruzando as mãos e apoiando-as sobre a mesa, Barnabé perguntou-lhe:

– Logo, o que você sugere para nós, meu amigo? Ficaremos aqui e nos arriscaremos a ser apedrejados?

– De maneira nenhuma, meu velho amigo! Em vez de voltar para casa ou permanecer aqui, partiremos amanhã cedo para as cidades Licaônicas de Listra e Derbe, nossas últimas paradas antes do retorno para casa!

Todos na casa concordaram com a ideia de Paulo e depois de orarem juntos, os três foram se deitar para descansar para o dia seguinte, um dia que prometia ser difícil.

♦

Fazia aproximadamente um ano e meio desde que Paulo e Barnabé deixaram a cidade de Antioquia, por determinação do Espírito Santo, para a viagem missionária que agora estavam realizando. Muitos perigos foram enfrentados, muitas barreiras transpostas; houve a deserção de João Marcos e o evangelho foi bem recebido por uns e repudiado por outros. Agora, Paulo e Barnabé estavam na etapa final de sua viagem, e isso eles tinham firme em seu coração. Algo também incomodava o coração de Paulo, por mais que não quisesse pensar nisso, e sabia que esta seria talvez a primeira e última viagem ao lado de seu companheiro que tanto o ajudara, Barnabé.

Paulo e Barnabé estavam chegando a sua próxima parada indo de metrô para a cidade de Listra. A cidade de Listra distava de Icônio cerca de 30 quilômetros, o que causou uma viagem um tanto longa para ambos os missionários.

– Estamos quase chegando, Barnabé – disse Paulo demonstrando ansiedade na voz. – Apronte-se, vamos descer logo!

Barnabé abriu um dos olhos e fez cara de desdém para Paulo. A viagem fora cansativa para ambos, mas Paulo parecia que não se cansava nunca, estava sempre disposto para proclamar o evangelho.

Assim que o metrô chegou à estação da cidade de Listra, muitos passageiros desembarcaram e com eles Paulo e Barnabé. A cidade de Listra era formosa e bela, um lugar agradável para se viver. Tinha um grande mercado central onde todos os habitantes costumavam se reunir nas tardes do final de semana. Apesar de toda a beleza, era também uma cidade puramente idólatra e de um povo simples e de pouca instrução. Uma cidade que cresceu contando com o empenho de governantes inescrupulosos que exploravam a mão de obra barata do povo e a superstição idólatra do povo mais humilde.

Ao se aproximar mais do mercado da praça, Barnabé e Paulo observavam o comércio de toda espécie de especiarias usadas em oferendas, imagens de esculturas de falsos deuses, e todo tipo de artefato pagão que levava o povo a ficar cada vez mais imerso na idolatria. Mais ao centro da praça havia mendigos que surgiam na esperança de pegarem algo das oferendas às imagens ou mesmo vinham para, talvez, receberem um milagre. Paralíticos, cegos, mudos, pessoas com manchas pelo corpo, lepras e diversas enfermidades se amontoavam na esperança de terem suas orações atendidas pelos seus ídolos. Paulo olhou para essas pessoas sentindo uma profunda compaixão por elas. Como estavam cegas e perdidas! Dentre os muitos enfermos, um deles chamou a atenção de Paulo. Era um homem idoso e paralítico que, se esgueirando, tentava se alimentar dos restos dos alimentos que as crianças deixavam cair pela praça. Aproximou-se de um mercador e perguntou-lhe:

– Quem é aquele homem ali? – perguntou apontando para o velho que se arrastava.

O comerciante, colocando as mãos por cima dos olhos por causa da intensidade do sol, olhando para o homem e reconhecendo-o, voltou-se para Paulo, fitando-o um pouco, espantado de que um viajante se preocupasse com um velho mendigo.

– Aquele homem já nasceu assim, ele nunca pôde andar – disse o comerciante com desdém. – Vem aqui todos os dias. De vez em quando, surge alguém caridoso que lhe dá algum dinheiro ou alimento, mas geralmente é assim que ele se alimenta, dos restos dos outros. Mas, deixemos de lado, senhor, isso já acontece há muito tempo!

Paulo recebeu essa informação com desgosto. Afastando-se da banca do comerciante arrastou Barnabé, que estava comprando algo para comerem, para o meio da praça, e dispôs-se a pregar.

Usando um púlpito improvisado com caixotes de madeira, Paulo ajeitou-se chamando para si a atenção de todo o povo, todos os que comercializavam, os que faziam suas preces aos seus ídolos e os que mendigavam pela praça. Todos os olhos estavam fitos em Paulo que começava a proclamar o evangelho de Jesus Cristo a eles, acompanhado por Barnabé, que terminava de devorar um pacote de salgadinhos.

O mercado parou, as ruas ficaram em profundo silêncio, toda a agitação cessou por causa da mensagem que Paulo lhes anunciava. Uma mensagem chocante contra a idolatria e a desumanidade para com os mais necessitados. Os religiosos sentiram-se ofendidos e, até mesmo, confrontados pela mensagem do evangelho, assim como aqueles que esnobavam os mais pobres e desprezados. A multidão começava a se aglomerar em torno dos dois homens que corajosamente lhes anunciavam uma mensagem perturbadora, porém, atraente ao mesmo tempo. Barnabé, como sempre, pouco falava. Ele apenas agrupava o povo para que ouvisse o que Paulo tinha a dizer, era um trabalho simples e humilde, porém ele fazia muito bem e com contentamento. Ele gostava de ver a forma ousada que Paulo tinha para proclamar o evangelho, um jeito cativante que nunca antes havia visto em todos os seus anos de cristão. Paulo falou por pouco mais de trinta minutos, até que tivesse a atenção total dos ambulantes da praça. Aos poucos, todos foram largando suas crendices de lado e seus preconceitos e aglomeraram-se para ouvir um completo estranho com pouco menos de trinta anos, usando calças *jeans*, camiseta polo e tênis brancos e falando como um perfeito erudito. Algo realmente notável para aquela região com tão pouca cultura e instrução acadêmica.

No meio daquela multidão, Paulo vira quando o homem, que estivera se arrastando por ser paralítico, aproximou-se para ouvir a mensagem do evangelho com os olhos marejados. Percebendo que o homem tinha fé para ser curado, Paulo disse em alta voz ao paralítico:

– Levante-se! Fique em pé!

O murmúrio no meio da multidão foi geral, e todos os olhos convergiram, instantaneamente, para o paralítico que nascera daquele jeito e que agora, sentindo suas pernas sendo fortalecidas, começou a se levantar com certa dificuldade. A emoção começou a tomar conta do homem, pois nunca na vida fora capaz de se locomover livremente. À medida que se sentia fortalecido, mais fé lhe era acrescentada. De repente, de um salto, o homem pôs-se a andar pela praça, chorando agradecido. Ao que, vendo o que Paulo havia feito, o povo começou a gritar em língua licaônica em uníssono, dizendo:

– Os nossos santos desceram a nós em figura humana!

Os sacerdotes da cidade trouxeram oferendas diversas para oferecer aos missionários pela dádiva alcançada, enquanto muitos se aproximavam pedindo que se lhes fizessem um milagre também. Percebendo isso, como a situação não saiu como o esperado, pois o povo era por demais supersticioso, Paulo e Barnabé arremeteram-se entre a multidão que os queria adorar, abrindo-lhes os braços e gritando a plenos pulmões:

– Pessoal, por que vocês estão fazendo isso? Nós também somos seres humanos normais como vocês. Apenas trazemos boas novas para vocês, dizendo-lhes que se afastem dessas coisas vãs, dessa idolatria toda e se voltem para o Deus vivo, que fez o céu, a terra, o mar e tudo o que neles há. No passado ele permitiu que todas as nações seguissem os seus próprios caminhos. Contudo, Deus não ficou sem testemunho: mostrou sua bondade, dando-lhes chuva do céu, a vida, o ar que vocês respiram, disposição para trabalharem e um coração cheio de alegria.

Mesmo com todas essas palavras, a multidão não lhe dava ouvidos e cada vez mais celebrava o milagre que acontecera à sua maneira supersticiosa de ser. Paulo e Barnabé estavam frustrados com isso e já não sabiam mais o que fazer ou dizer para conter a multidão enlouquecida. Quanto mais acenavam para que as multidões se calassem, mais a multidão os ovacionavam.

Enquanto Paulo tentava conter a multidão, Barnabé percebeu ao longe se aproximar rapidamente três caminhonetes, como daquelas usadas pelas Igrejas Nova Vida. Dentro delas, estavam os líderes da igreja de Icônio e, nas outras, alguns dos líderes das igrejas de Antioquia, de onde Paulo e Barnabé partiram inicialmente. Descontentes com a saída inesperada dos missionários de sua cidade, os líderes da igreja em Icônio telefonaram para os pastores e líderes em Antioquia, pois sabiam que de lá vieram ambos, e armaram para alcançá-los e os levar até o conselho da Igreja Nova Vida, em Damasco. Barnabé tentou desvencilhar-se da multidão que o apertava para poder se aproximar de Paulo, porém haviam chamado a atenção de tantas pessoas que sair era praticamente impossível.

– Temos problemas, Paulo – gritou Barnabé, enquanto tentava se livrar dos abraços do povo. – Veja! Encontraram-nos!

Paulo virou-se a tempo de ver a caminhonete parar a poucos metros de distância e dela descer um grupo de umas quinze pessoas, todas elas conhecidas por Paulo e Barnabé. Eram os principais pastores e líderes da Igreja Nova Vida das regiões circunvizinhas. Agora, eles precisavam mesmo fugir apressados, mas a multidão estava em frenesi. Paulo debatia-se muito quando de repente sentiu uma mão tocando-lhe firmemente o ombro. Voltando-se, reconheceu o rosto do pastor da igreja de Icônio que enfrentava a multidão para alcançá-lo. O pastor da igreja de Antioquia, fazendo um aceno com as duas mãos, pediu que a multidão se calasse, o que com muito custo conseguiram depois de uns quinze minutos, bastante dificultosos.

– Agora já chega dessa bagunça toda – disse o pastor à multidão. – Por que toda essa euforia envolvendo estes dois hereges fanáticos?

A multidão sentiu-se afrontada pela ousadia daquele pastor e logo um de seus representantes, um ancião da cidade, colocou-se à frente do povo e começou a dizer:

– Esses homens não são hereges, seja lá isso o que quer que seja! Eles são santos homens que fizeram uma benevolência a um pobre homem de nossa cidade.

Todo o povo assentiu. Paulo e Barnabé estavam agora presos nas mãos dos homens da Igreja Nova Vida. Dois homens grandes, como um guarda-roupas ambulante, seguravam Paulo para que este não fugisse, enquanto outros três homens seguravam Barnabé, pois este era maior e mais forte do que Paulo.

– Povo de Listra – disse o pastor –, ouçam-me, eu lhes peço! Esses dois homens vêm perturbando a paz por todo lugar por onde têm passado, desde Antioquia, passando por toda a região da Galácia, até chegar hoje aqui. Eles vêm ensinando mentiras e calúnias contra o eterno Deus e realizando obras de feitiçaria e magia negra. Não os escutem, eles podem manipular a mente de todos vocês se quiserem.

Infelizmente para os missionários, o povo que era por demais supersticioso deu crédito às palavras do pastor. Em pouco tempo, Paulo viu o povo se revoltando contra ele e Barnabé, tencionando expulsá-los da cidade ou matá-los. O pastor, então, interveio novamente.

– Deixem esses homens conosco, pessoal, nós cuidaremos deles! Iremos levá-los e julgá-los conforme a lei ordena.

Barnabé olhava para Paulo aflito e preocupado. Provavelmente teriam o mesmo destino de Estevão e Thiago. Paulo não sabia o que fazer para se livrar, apenas orava entregando a si e a Barnabé a Deus. De repente, uma pedra voou lançada por um dos habitantes de Listra e acertou Paulo no braço, ferindo-o de raspão. Os dois homens afastaram-se, temendo ser apedrejados também, e com isso os homens que seguravam Barnabé igualmente recuaram, deixando ambos sozinhos, cercados por uma turba furiosa.

O povo não permitiria ser enganado dessa maneira. Não somente enganaram com mentiras como também trouxeram maldição e desgraça à cidade por meio de suas artes mágicas de cura. Paulo e Barnabé colocaram-se de costas um para o outro apenas esperando o que viria pela frente. Mais uma pedra foi lançada, dessa vez, por uma senhora idosa, e mais outra, dessa vez, por um garoto que passeava pela praça.

O homem que fora curado apenas observava a cena em completo espanto. Teria mesmo recebido seu milagre por intervenção das forças malignas? Não sabia precisar esse acontecimento, então apenas observava tudo a distância.

O tempo começava a se fechar, com nuvens negras se formando em pleno céu do dia. O vento soprava violentamente, trazendo uma sensação de umidade muito grande. O povo percebeu que logo viria chuva.

Os missionários abaixaram para se proteger da chuva de pedras que descia contra eles, pois cada uma era tão grande que poderia até feri-los mortalmente. Paulo apenas observou quando uma pedra acertou na fronte de Barnabé, fazendo-o tombar no chão inconsciente. Tentando aproximar-se de seu companheiro ferido, Paulo foi terrivelmente alvejado pela multidão ensandecida, que queria mesmo sua morte. Os líderes religiosos não somente davam seu consentimento ao apedrejamento como também participaram da festa. Derramaram sua fúria contra os homens que ousaram se levantar a pregar contra a poderosa Igreja Nova Vida. – Eles mereciam! – assim pensavam os pastores. Começou a chover na cidade de Listra intensamente. Ensanguentado, enlameado e já quase sem forças, Paulo deixou-se cair ao chão e, com uma pedrada na nuca, também desmaiou.

A multidão se conteve ao ver a cena, pois parecia que ambos enfim haviam morrido e por isso a sessão de apedrejamento foi interrompida. Todos se dispersaram aos poucos, cada um voltando as suas casas para abrigar-se da chuva. Enquanto isso, os líderes da igreja de Antioquia pediram que levassem ambos os corpos para fora da cidade. Quatro homens fortes carregaram os homens feridos e ensanguentados e os arrastaram até as portas da cidade, deixando-os sozinhos à própria sorte.

◆

A noite estava quase caindo, e a chuva apertava cada vez mais na cidade de Listra. Paulo e Barnabé continuavam caídos desmaiados sob a lama que se formara na estrada principal do lugar. Na cidade, as pessoas continuavam a viver suas vidas religiosas normalmente. Algumas poucas pessoas, porém, receberam bem a mensagem pregada por Paulo e Barnabé. – Se ao menos eles não tivessem sido desacreditados! – assim pensavam alguns da cidade.

Quando a chuva cessou, ao longe, na estrada, podia-se ouvir o ronco do motor de um carro importado. Alguém estava entrando na cidade. Era um médico que havia sido chamado para uma cirurgia importante na cidade de Listra. O médico, um homem alto, pele clara, cabelos loiros e olhos claros, trajando uma camisa azul escuro, uma bermuda esporte e tênis nos pés, avistando algo estranho na estrada a sua frente, ligou os faróis altos e pôde identificar dois corpos estendidos no chão enlameado. Instintivamente, parou o carro, olhou para todos os lados para certificar-se de que seria seguro descer e, abrindo as portas do carro, correu até os dois homens. Certificou-se se ainda estavam vivos, verificando-lhes os sinais vitais. Como ainda respiravam, embora estivessem gravemente feridos com hematomas por todo corpo, como se tivessem sido espancados, cobertos de sangue e lama e com a temperatura do corpo muito baixa, o médico levantou-os como pôde e levou os dois para seu carro. Com muita dificuldade, acomodou os dois como deu e partiu em disparada para sua clínica particular na cidade de Listra, onde os deixou sob os cuidados de seu pessoal da enfermagem. Paulo e Barnabé receberam todos os cuidados para ter a saúde restabelecida rapidamente e passaram aquela noite à base de medicações necessárias.

Pela manhã, bem cedo, Paulo despertou do desmaio sentindo dores pelo corpo e principalmente na parte da nuca, onde recebera a pedrada que o fizera perder a consciência. Pôde perceber que não estavam mais caídos pela estrada, na porta da cidade, mas deitados em leitos de alguma clínica ou hospital; de onde ele não fazia ideia, mas estava feliz por não ter morrido apedrejado. Perscrutando o ambiente, observou que Barnabé estava deitado em um leito ao seu lado, ainda inconsciente.

– Barnabé! – gritou Paulo, sentindo dores enquanto balbuciava cada palavra. – Acorde, Barnabé! Barnabé!

Barnabé despertou assustado.

– O quê? Onde estou? Estou no céu?

– Acalme-se, amigo – disse-lhe Paulo. – Ainda estamos vivos. De alguma forma, viemos parar aqui. Você está bem?

Barnabé olhou confuso para Paulo e, enquanto tentava se aprumar no leito, disse:

– Sim, estou bem! Sinto-me todo dolorido, mas estou vivo, não é? Afinal, quem pode ter nos trazido pra cá?

Paulo recostou-se novamente em seu leito, um tanto pensativo e preocupado.

– Não tenho ideia, tudo o que sei é que o povo estava determinado a nos matar!

– Quando isso vai terminar, Paulo? – disse Barnabé com um tom de resignação e desânimo na sua voz.

– Eu também não sei, meu amigo. No momento, tenhamos fé em Deus, pois sabemos que estamos aqui por vontade Dele. Não se esqueça do que diz nas Escrituras: *"E sabemos que todas as coisas concorrem para o bem daqueles que amam a Deus, daqueles que são chamados segundo o seu propósito"* (Romanos 8.28).

– Disso eu sei, meu companheiro – resmungou Barnabé. – Mas é preciso que seja tão duro assim?

Nesse momento, um homem elegantemente vestido, com uma calça de linho cáqui, camisa rosa e óculos de sol no alto da cabeça, entra na área dos leitos em que Paulo e Barnabé estavam acomodados.

– Bom dia, senhores! – cumprimentou-lhes o homem.

Ambos os feridos devolveram o cumprimento. O homem revelou-se sendo o médico responsável por aquela clínica e lhes contou como na noite anterior os encontraram caídos na estrada e como os internara na clínica.

— Eu agradeço, doutor — replicou Paulo. — Muito obrigado por nos salvar.

— Faz parte de meu trabalho, não foi nada — disse o médico com um sorriso amigável no rosto.

— Em que região nós estamos, doutor? — perguntou Barnabé.

— Não se preocupem — sorriu-lhes o médico. — Ainda estamos em Listra. Tenho uma clínica aqui também. Pois bem, agora os senhores irão tomar o café da manhã para que depois possamos conversar um pouco mais. Vocês sabem... Rotinas médicas. Preciso saber qual o motivo de dois homens como vocês estarem caídos em meio à chuva de ontem à noite bem em frente à porta da cidade. Mas por enquanto aproveitem o café e descansem um pouco mais. Logo estarei de volta. Bom café!

Falando isso, o médico virou-se e saiu pela porta dando licença para que as copeiras trouxessem o café, o que foi muito bem recebido pelos missionários, pois estavam sem comer desde a manhã do dia anterior.

Depois do café, o médico retornou para conversar com Paulo e Barnabé, trazendo consigo um bloco de anotações que, como se podia notar, era muito usado.

— Pois bem, senhores — iniciou o médico. — Digam-me seus nomes.

— Eu me chamo Paulo e este aqui é meu amigo, Barnabé!

— Paulo e Barnabé — o médico rabiscara em seu caderno enquanto preparava-se para mais perguntas. — E então, digam-me: o que vocês dois estavam fazendo desacordados em uma noite chuvosa como aquela? Exageraram na dose do álcool, envolveram-se em alguma briga numa boate ou em algum bar?

O médico observou com admiração a expressão de espanto dos missionários. Paulo tomou a iniciativa da resposta e lhe disse.

– Certamente não estávamos alcoolizados, doutor! Isso não faz parte de nossa índole. Barnabé e eu chegamos a esta cidade com uma missão, quando então fomos surpreendidos por alguns homens que nos seguiram desde Antioquia. Eles incitaram o povo a nos apedrejar e nos deixaram caídos e desmaiados às portas da cidade, onde, por providência de Deus, o doutor nos achou e aqui estamos.

– Você disse uma missão, é? – perguntou o doutor um tanto cético. – Será que eu posso saber que espécie de missão é essa?

– Somos missionários – respondeu-lhe Paulo. – Enviados da Igreja Nova Vida, estamos percorrendo por toda esta região proclamando o evangelho de Jesus Cristo. Procuramos levar ao povo um evangelho puro e genuíno proclamando que Jesus Cristo vive. O doutor crê nisso?

Paulo não perdia tempo – assim pensava Barnabé. O médico ficou surpreso com a resposta de Paulo. Seu semblante irradiou-se e deu uma estridente gargalhada.

– Ele está rindo de você, Paulo! – protestou Barnabé.

– Paulo apenas guardou silêncio. Contendo o riso, o médico desculpou-se com os dois missionários e lhes disse:

– Perdoem-me, meus amigos, mas é que eu também sou cristão e membro da Igreja Nova Vida. Sim, realmente, quando soube seus nomes minhas suspeitas tornaram-se certeza. Vocês são aqueles que se juntaram à rebelião contra o falecido líder da igreja, Dr. Carlos Andrada! E este Paulo foi o homem que esteve à frente do empreendimento da construção daquele magnífico templo, não é mesmo?

Ambos, Paulo e Barnabé, sentiram um frio percorrer-lhes a espinha. Estariam agora com problemas? Paulo suava pela testa, demonstrando nervosismo quanto à afirmação do médico. Percebendo o desconforto de seus clientes, o médico lhes disse.

– Não se preocupem, amigos! Estou do lado de vocês. Sempre fui contra a construção daquele templo! Meu dinheiro estava sendo muito mal empregado – disse o médico que piscava para os dois enquanto ria da expressão de espanto deles. – Fiquei sabendo da rebelião de Tiago e seus amigos e, confesso, dava meu apoio a essa causa. A corrupção na igreja precisa ser combatida e apenas o retorno do evangelho de Jesus Cristo em nossas igrejas poderia trazer o povo de volta para Deus, e não um templo que ostentava a glória de um ego doentio.

O semblante dos missionários se alegrou novamente. Era bom encontrar mais alguém a favor de sua missão.

– Oh, perdão! Fiquei tão empolgado que me esqueci de me apresentar. Eu me chamo Lucas! Dr. Lucas!

♦

Após os cuidados médicos, Paulo e Barnabé, sentindo-se melhor e fortalecidos, dirigiram-se ao escritório de Lucas para se despedirem.

– Com licença, doutor – disse Paulo enquanto batia levemente à porta. – Viemos lhe agradecer por ter cuidado de nós, de nossos ferimentos, e também viemos nos despedir, pois precisamos dar continuidade a nossa jornada.

Sentado em seu gabinete, lendo o jornal do dia, Lucas tirou seus óculos de leitura enquanto levantava sua visão para os dois missionários parados em frente à porta.

– Ora, vocês têm certeza de que já se sentem bem o suficiente para partir? Eu considero que seria melhor se vocês esperassem um pouco mais, digo, até que vocês se recuperem!

Paulo assentiu com a cabeça agradecendo a gentileza do médico.

– Agradecemos de coração, doutor, mas realmente precisamos ir.

Lucas olhou-os fixamente por um instante, perscrutando as feições de seus pacientes, com um olhar clínico.

– Tudo bem! – exclamou Lucas. – Percebo que vocês querem realmente partir. Ah, esses missionários, sempre tão virtuosos... Concordo em deixá-los ir, porém existe uma condição para isso.

Os missionários olharam-se um pouco confusos. Barnabé deu de ombros, enquanto Paulo coçava sua cabeça, sentindo-se na defensiva. Este se voltou para o doutor que lhes lançava um olhar penetrante e um sorriso amistoso.

– Que condição seria esta – perguntou Paulo –, que o doutor tem para nós?

Lucas levantou-se de sua cadeira, rodeando sua mesa de mogno polido e parando diante da mesa de centro do gabinete, e com certa elegância estendeu o dedo para Paulo e Barnabé, e lhes fez sua proposta:

– Pois bem – disse o médico, com uma voz mansa e suave. – Concordarei em deixá-los sair de minha clínica agora se vocês me deixarem acompanhá-los em sua viagem!

A proposta caiu nos ouvidos dos missionários como uma bomba atômica.

Ambos ficaram perplexos e atônitos sem palavras. Como podia este médico, parecendo um playboyzinho, querer se aventurar com eles nesta missão? Só podia ser brincadeira. Esse riquinho seria engolido pelos inimigos da causa e fugiria com medo ao primeiro sinal de represália. Paulo estava um tanto relutante, pois já tivera sofrido com a deserção de João Marcos, e agora isso? Lucas esperava uma resposta, mas ambos estavam por demais perplexos.

– Você tem certeza – perguntou Barnabé – de que realmente quer nos acompanhar? Nossa jornada não é brincadeira! Você mesmo viu o estado em que o povo desta cidade nos deixou só por que pregamos o evangelho. Nossa missão não é fácil!

Paulo assentiu e tentou dissuadir o médico a não lhes seguir, porém Lucas estava por demais determinado.

– Reconheço que a jornada não é fácil – disse o médico –, e que muitos perigos esperam apenas a oportunidade de destruir o avanço do evangelho, porém sei que posso ser muito útil para vocês, senhores! Há muito tempo que nossa igreja se distanciou do verdadeiro evangelho, levando uma mensagem enganosa que contraria as verdades bíblicas, então algo precisa ser mudado! Desejo fazer parte dessa obra que irá trazer de volta o povo para o evangelho de Jesus Cristo.

Lucas estava sendo realmente sincero em suas palavras, por isso Paulo não teve alternativa senão ceder.

– Vejo que seu desejo é sincero – disse Paulo. – Porém, desde já aviso que o caminho não será fácil. Há a alegria de compartilharmos o evangelho de Jesus Cristo, mas com isso estaremos nos opondo diretamente à Igreja Nova Vida e seus representantes, como você bem sabe. Eles não se cansarão enquanto não nos calarem.

– Arrumarei minhas malas – retrucou Lucas –, partiremos assim que eu me aprontar! Usaremos meu carro e assim economizaremos tempo e dinheiro na viagem. A propósito, para onde iremos agora?

Barnabé olhou para Paulo que, olhando pela janela e avistando os limites da cidade de Listra, disse:

– Partiremos então para a cidade de Derbe!

◆

Assim que terminaram de se aprontar, os missionários Paulo e Barnabé, juntos de seu mais novo companheiro de missão, Lucas, viajaram de carro para a cidade de Derbe. Derbe era uma cidade pequena situada a 72 quilômetros de Icônio, uma cidade quase tão bela quanto Listra. Ali os missionários não encontraram barreiras nem dificuldades para a proclamação do evangelho, sendo este pregado em vários lugares da cidade. Paulo pregou o evangelho nas praças, nos centros comunitários, nos parques de diversão ou em qualquer lugar em que eles puderam ser bem recebidos pelo povo. Muitas foram as pessoas que creram na sua pregação de sorte que muitos novos convertidos foram agregados à pequena congregação da Igreja Nova Vida presente na cidade. Para o bem de Paulo e seus companheiros, os membros da igreja também receberam, de bom grado, a mensagem revolucionária dos emissários de Antioquia. O povo compreendeu a essência do evangelho e unanimemente decidiram seguir Jesus Cristo e não as tradições impostas pela igreja. Lucas estava fascinado ao ouvir Paulo pregar, pois jamais ouvira alguém falar do amor de Deus da forma como Paulo fazia. Não era como os demais pregadores gananciosos que ele conhecera na igreja. Paulo pregava com ousadia e proclamava a supremacia de Cristo. A maneira de Paulo expor a palavra, então, era sublime. Ele não gritava, não levantava sua voz berrando a plenos pulmões, nem fazia um espetáculo no qual o povo ficava admirado de seu desempenho, mas, de forma branda, com sua voz suave, ensinava o evangelho, sendo a sua maior preocupação a de que o povo entendesse a mensagem.

Tendo terminado de ensinar o povo, no final da tarde daquele mesmo dia, Paulo estava já cansado depois de um dia duro andando e pregando o evangelho. Lucas e Barnabé trouxeram-lhe algo para comer, um delicioso sanduíche com suco de laranja. Paulo sentou-se embaixo de uma árvore para descansar um pouco à sombra e saborear seu lanche, Barnabé sentou-se ao lado de seu velho companheiro de viagens e, olhando para Lucas e recebendo deste um sorriso de consentimento, voltou-se para Paulo e lhe disse:

– Estamos viajando há dois anos, Paulo, para onde iremos agora? Continuaremos nossa jornada?

Paulo sorveu um pouco de seu suco pensando na pergunta de seu amigo. Era fato que fazia tempo desde que partiram de Antioquia recomendados pelo SENHOR. Paulo baixou os olhos por um instante em uma pausa dramática, que para seus companheiros pareceu uma eternidade. Levantando seus olhos para os céus começou a dizer.

– Voltaremos para casa!

Paulo ficou um pouco tenso, sua feição ficou retesada, com voz trêmula, mas continuou:

– Voltaremos para casa. Porém, antes disso, faremos o caminho de volta, indo a todas as cidades por onde já passamos para nos certificar de que os irmãos continuam firmes na fé.

Houve concordância entre os três amigos e, levantando-se, entraram no carro de Lucas e fizeram todo o caminho de volta, saindo de Derbe, passando por cada cidade que já haviam passado. A cada nova parada, em que refizeram o percurso, pararam em Listra, Icônio e Antioquia da Pisídia, procurando pelos novos convertidos e membros da igreja que haviam recebido bem a palavra do evangelho, e lhes fortaleciam a fé com muitas palavras de encorajamento. Dentre as quais, foram ditas as seguintes palavras:

– É necessário que passemos por muitas tribulações para entrarmos no Reino de Deus (Atos 14.22 NVI).

Em cada lugar que passavam em seu retorno, Paulo e Barnabé designavam aqueles que tinham as características necessárias de liderança para serem presbíteros em cada nova igreja. Após passarem um período de oração a Deus, os missionários, tendo instruído melhor os novos líderes, recomendaram estes ao SENHOR em quem haviam eles confiado.

Saindo de Antioquia da Pisídia, chegaram à região da Panfília e dirigiram-se, mais uma vez, à cidade de Perge, onde João Marcos os havia abandonado e voltado para Damasco. Da primeira vez em que estiveram em Perge, Paulo e Barnabé não encontraram oportunidade para proclamar o evangelho e por conta disso seguiram para Antioquia da Pisídia. Mas desta vez, encontraram ali pessoas dispostas a ouvirem o evangelho. O povo de Perge recebeu de bom grado a mensagem do evangelho então, ali também Paulo designou um presbítero após passarem tempo com os novos irmãos, instruindo-os. Tendo passado alguns meses em Perge, os três missionários, Paulo, Barnabé e o doutor Lucas seguiram para a região da Atália, de onde, comprando a passagem de navio, navegaram de volta à Antioquia, onde recomendaram à graça de Deus para a missão que agora haviam completado.

♦

Cinco dias se passaram desde que Paulo e seus amigos chegaram à Antioquia novamente. Lucas se hospedou na casa de Barnabé onde acompanharia mais de perto os passos de Paulo. Era cedo, de manhã, quando Paulo os visitou para saber como estavam passando.

– É bom revê-lo, Paulo – disse Barnabé. – Como tem passado?

Paulo entrou em casa de Barnabé, cumprimentou Barnabé e Lucas, respondendo:

– Estou bem! Sentindo falta da agitação da viagem, mas bem!

Lucas sorriu para ambos e então, depois de abraçar Paulo, perguntou-lhes:

– Quando iremos para outra viagem como essa, pessoal?

Paulo e Barnabé sorriram-lhe para depois lhe responder:

– Tenha calma, Lucas – respondeu Paulo. – Já lhe disse que não estávamos numa excursão e sim numa missão! Para hoje, pedi uma reunião na casa de Tiago, o nosso líder, para passar a ele o relatório da viagem, contar o que Deus operou por nosso intermédio e quantas conversões a Cristo conseguimos.

Chegada a noite, Paulo e seus companheiros subiram para a casa de Tiago onde uma grande multidão os aguardava. Pedro os recebeu, conduzindo à sala da casa de Tiago e lá os missionários foram recebidos com alegria pelos demais irmãos que festejavam o regresso triunfante de Paulo e Barnabé. Após um agradável café, servido a todos, e uma conversa descontraída, na qual todos puderam conhecer melhor Lucas, Paulo e Barnabé relataram tudo o que Deus tinha feito por meio deles e como a viagem fora promissora, contando-lhes todas as novas igrejas que foram abertas nas cidades por onde passaram. A alegria dos irmãos era notória naquele momento e todos estavam satisfeitos com os resultados obtidos. Tiago, tomando a palavra, disse-lhes:

– Hoje muito nos alegramos pelo retorno de nossos amados irmãos Barnabé e Paulo que, tendo arriscado as próprias vidas pelo evangelho, trazem novas de grande alegria.

Os irmãos se alegraram com essas palavras de Tiago e cumprimentavam Paulo e Barnabé pela coragem demonstrada na viagem.

– Com isso – prosseguiu Tiago –, empenharemo-nos cada vez mais para difundir o evangelho de Jesus Cristo a todos quantos quiserem ouvir. Estão comigo, irmãos?

Todos os irmãos, em unanimidade, ficaram ao lado de Tiago, prometendo lutar pela causa de Cristo e, dando-se as mãos e orando a Deus, permaneceram unidos, sempre se encontrando para espalhar as novas do evangelho.

Capítulo 10
O prenúncio de um grande mal – a segunda viagem

Um ano se passou desde que Paulo regressara de sua viagem missionária. A igreja estava passando por uma fase de paz e crescimento e todos os irmãos continuavam a difundir a palavra de Deus em todo lugar e, por onde a mensagem do evangelho havia sido pregada, o povo vivia em liberdade e alegria no SENHOR. Toda a comunidade cristã, da parte de Tiago e seus homens, continuava espalhando os ensinos do evangelho de Jesus Cristo. A alegria era notória em cada cidade onde o evangelho foi apresentado desde Damasco, passando por Antioquia até Derbe, mas essa alegria e essa paz estavam à beira de uma grande ameaça!

Alguns irmãos da igreja de Damasco desceram até Antioquia e passaram a ensinar aos irmãos: "Se vocês não guardarem os usos e os costumes ensinados na Igreja Nova Vida, na pessoa do Dr. Andrada, não poderão ser salvos!". Com isso, os irmãos ficaram muito confusos, pois de um lado, ouviam os irmãos Paulo, Tiago, Pedro e os demais lhes ensinando um evangelho no qual a salvação era um favor imerecido, uma oferta de graça, para agora ouvirem que se não guardassem os bons costumes ensinados na igreja não poderiam ser salvos! Isso realmente os deixou perturbados.

Logo que amanheceu, Paulo, que agora usava um cavanhaque bem aparado, foi abrir sua caixa de *e-mails* e, para sua surpresa, havia uma mensagem de um dos líderes das igrejas da região da Galácia, para onde ele e Barnabé fizeram sua viagem missionária, e isso o deixou um tanto preocupado. Não sabia explicar, mas fazia dias que estava com um mau pressentimento, porém procurava não pensar demais achando que se tratasse de simples zelo pelas igrejas. Enquanto tomava seu café e revisava suas contas, Paulo olhava para seu *notebook* e a mensagem, ainda sem ler, piscava na sua caixa de entrada. Levantou-se de sua cadeira, um pouco azedo e nauseado, pois o fato de pensar em problemas causava-lhe certo desconforto. Temia pelas almas e pelos novos convertidos que ainda tinham uma fé um tanto fraca.

O dia estava quente e seco lá fora, e as pessoas andavam de lá para cá no mercado da praça. Tomando coragem, Paulo sentou-se novamente em sua cadeira, de frente para seu *notebook* e, clicando na mensagem, abriu-a e começou a lê-la. O *e-mail* que Paulo começou a ler confirmou suas suspeitas. A mensagem dizia assim:

"Pastor Paulo, a paz!

Estamos enfrentando alguns problemas em nossas igrejas, pois alguns pregadores – creio que enviados da parte do Dr. Tavares – começaram a ensinar as antigas tradições, usos e costumes da Igreja Nova Vida, dizendo que se não os observarmos não poderemos ser salvos. Infelizmente o povo está começando a aceitar as antigas práticas novamente, o legalismo e a religiosidade está tomando conta da igreja e o povo está desprezando, assim, o evangelho que nos foi ensinado por sua parte. O evangelho da graça de Deus. Peço sua ajuda, pastor, pois já tentei de tudo e agora não sei mais o que fazer. O povo não me ouve e não me sinto capacitado para enfrentar esse problema sozinho. Desde já, agradeço sua atenção e oro para que Deus abençoe sua vida, meu pastor!"

Paulo fechou seu *notebook*, baixou os olhos colocando sua mão no queixo, cofiando seu cavanhaque e parando para pensar um pouco. Essa mensagem o perturbou de tal forma que não teve fome pelo resto da manhã. Levantando-se, pegou seu celular e telefonou para Barnabé, a fim de conversar um pouco para esfriar a cabeça.

– Barnabé? Sou eu, Paulo!

Barnabé pôde sentir na voz de Paulo um ar de preocupação. Sabia exatamente quando algo não agradava seu companheiro.

– Olá, Paulo – disse Barnabé. – Algum problema meu amigo? Você me parece um pouco tenso.

– Gostaria que fosse apenas impressão sua, meu amigo – respondeu Paulo, deixando escapar sua indignação. – Porém temos alguns problemas delicados que requerem nossa atenção.

Após colocar Barnabé a par dos acontecimentos, Paulo decidiu confrontar o problema pela raiz. Mas como faria para levar a verdade se, neste momento, estava tão longe da região da Galácia? Paulo deitou-se um pouco para pensar melhor, não conseguia pensar em nenhuma ideia inteligente para convencer o povo do erro que estava cometendo. Um sentimento de revolta começou a percorrer o coração de Paulo. Como o povo podia ser tão ingrato quanto a tudo o que ele e Barnabé haviam passado? Como podiam ter abandonado tão depressa a verdade do evangelho? E mais, quem foram as pessoas que vieram pregando tais heresias no meio do povo? Seria coisa de Tavares, da Igreja Nova Vida? A fim de tentar resolver essa questão, Paulo se voltou para seu *notebook*, e a única coisa mais inteligente que ele pôde pensar foi responder o *e-mail* que recebera.

De: *paulo.tarso@novavida.com*
Para: *igreja.galacia@novavida.com*
Assunto: *e-mail do pastor Paulo aos Gálatas*

Paulo, pastor (não da parte dos homens, nem por homem algum, mas por Jesus Cristo, e por Deus Pai, que o ressuscitou dentre os mortos), e todos os irmãos que estão comigo, às igrejas da Galácia: Graça e paz da parte de Deus Pai e do nosso SENHOR Jesus Cristo, o qual se deu a si mesmo por nossos pecados, para nos livrar do presente século mau, segundo a vontade de Deus nosso Pai, ao qual seja dada glória para todo sempre. Amém.

Para mim foi uma surpresa, estou no mínimo perplexo com a atitude de vocês, pois achei que foi rápido demais o fato de vocês terem passado daquele que vos chamou à graça de Cristo para outro evangelho, se nem mesmo evangelho isto é! Fui informado que alguns pregadores têm ensinado, de forma irresponsável, querendo com isso, causar grandes transtornos ao evangelho puro e simples de Cristo Jesus. Permitam-me enfatizar-lhes de que: Ainda que nós mesmos ou mesmo um ser celestial aparecer pregando algum outro evangelho além daquele que vocês já aprenderam, este evangelho será considerado por vocês maldito! Isto mesmo! Se alguém anunciar um evangelho diferente daquele pregado por nós, seja maldito!

Paulo interrompeu sua digitação por um momento para repensar suas ideias. Não estaria ele sendo um pouco enfático demais? Por um instante hesitou continuar, porém lembrou-se de que havia muita coisa em jogo e que o povo necessitava de uma terapia de choque para ver se acordavam. Na qualidade de pastor deste rebanho, ele não poderia se permitir ser negligente ou covarde. Precisaria confrontar o problema com coragem e amor pelas vidas na igreja. A verdade do evangelho por ele pregado estava em xeque, e a isso ele não poderia ficar de braços cruzados, vendo o rebanho ser destruído por heresias fortemente disseminadas no seio da igreja. Tomou um gole de café, que estava já morno, e continuou a digitar seu *e-mail*.

Deixem-me lhes lembrar irmãos de que o evangelho anunciado por mim não é doutrina ensinada por homens, afinal não recebi minha vocação de pastor através de intervenção humana, antes sendo um chamado do próprio SENHOR Jesus Cristo. Vocês devem se lembrar de como era minha conduta na Igreja Nova Vida anteriormente, não é? De como persegui incansavelmente aqueles que, antes de mim pregaram a verdade do evangelho e como assolava meus irmãos em Cristo. No seminário, eu excedia em conhecimentos teológicos a muitos daqueles que cursaram junto comigo e a muitos dos professores, até! Pois eu era extremamente zeloso das tradições da nossa amada igreja.

Mas, quando aprouve a Deus, que desde o ventre de minha mãe me conheceu e me separou, e me chamou por sua infinita graça, revelar seu Filho a mim, para que eu pregasse o evangelho entre os povos, saí de Damasco sem conhecer pessoalmente aqueles que antes de mim já se opunham contra a corrupção da igreja e parti para a Arábia. Depois disso, passados três anos, fui a Damasco para ver Pedro, e fiquei com ele por uns quinze dias, mais ou menos, sem ver mais nenhum a não ser Tiago.

E acerca disso tudo eu posso lhes dizer, sem mentiras, que sobre mim muito se comentava: Aquele que antes nos perseguia, agora anuncia a fé que antes destruía. E, dessa forma, o povo glorificava a Deus a meu respeito.

A tarde caía, mas Paulo não percebeu quanto tempo havia se passado desde a hora em que começara a escrever a resposta do *e-mail* que havia recebido.

– Espero que não me interpretem mal – balbuciou Paulo, enquanto pensava sobre o que mais escreveria. – Acho que lhes fazer lembrar minha antiga conduta os fará perceber que abandonei todo legalismo por causa do evangelho.

Paulo deixou seu *notebook* de lado enquanto se retirou para tomar um banho e relaxar um pouco, pois estava estressado e precisava descansar. Após o banho, ele vestiu suas roupas e procurou algo para comer. Não comia nada desde a manhã que recebeu o *e-mail* que o deixara preocupado. Como vivia sozinho, estava acostumado a comer comidas simples, cozinhar não era muito o seu forte! Sentindo-se fortalecido após tomar um pouco de sopa, Paulo voltou-se para sua escrivaninha e concentrou-se novamente na digitação do restante do *e-mail* em resposta aos cristãos gálatas.

Espero que fique claro para vocês, meus irmãos, que tudo o que eu já lhes preguei anteriormente reitero por e-mail, aqui também: Sabemos, pelas Escrituras, que ninguém é justificado através de boas obras ou mesmo usos e costumes, mas mediante a fé em Jesus Cristo. Logo, nós também cremos em Cristo Jesus para sermos aceitos e declarados justos diante de Deus através da fé em Cristo, e não pela barganha com Deus mediante boas obras que possamos realizar, porque ninguém poderá ser justificado mediante boas obras. Pode parecer ousada a minha colocação agora, irmãos, porém ouso dizer que fui crucificado com Cristo. Assim, já não sou eu quem vive, mas Cristo vive em mim. A vida que agora vivo no corpo vivo-a pela fé no filho de Deus, que me amou e se entregou por mim. Não anulo a graça de Deus; pois, se a justiça vem pela prática de boas obras nossas, Cristo morreu inutilmente!

Neste momento, Barnabé chegou à casa de Paulo. Paulo levantou-se para abrir a porta e dar as boas vindas a seu grande amigo e companheiro. Barnabé entrou na casa de Paulo e foi logo se acomodando ao lado de seu amigo enquanto este procurava as palavras necessárias para continuar seu *e-mail*.

– Posso saber o que você está escrevendo, tão concentrado? – perguntou Barnabé.

Paulo continuava concentrado e as palavras brotavam-lhe à mente. Parou por um momento voltando-se para seu amigo e lhe respondeu:

– Creio que lhe falei sobre os problemas que estamos enfrentando na região da Galácia, não é?

Barnabé aquiesceu, meneando a cabeça em sinal de concordância.

– Pois bem, esta é a resposta ao *e-mail* que recebi da direção das igrejas da Galácia!

Barnabé mostrou-se mais interessado quando soube do que se tratava, e inclinando-se para frente pediu licença para poder ler. Começou a ler o *e-mail* em resposta e ficou perplexo com a austeridade de Paulo. Sempre soube que seu amigo era meio rígido às vezes, porém, aquele e-mail era um pouco forte e pesado. Um verdadeiro confronto da parte de Paulo.

– Você não acha que está sendo duro demais com eles, Paulo? – perguntou Barnabé.

– Duro demais? – perguntou Paulo, desacreditado de que Barnabé lhe tivesse feito essa pergunta. – O que deu em você, meu amigo? Não percebe a gravidade da situação? Estou agindo da única forma possível, dadas as circunstâncias!

Ambos se olharam por um instante, clima tenso entre os dois. Chegaram a um ponto em que ambos discordavam.

– Você é muito brando, Barnabé! – trovejou Paulo. – Não é à toa que os irmãos o chamam de *"encorajador"*!

A atitude de Paulo deixou Barnabé meio ressentido, porém, nenhum dos dois cedeu. Era uma questão muito complicada. Barnabé encolheu os ombros e prosseguiu.

– Continuo achando que esta não é a melhor atitude a se tomar, Paulo!

– Você não tem fé em Cristo, Barnabé! – esbravejou Paulo.

Barnabé se indignou com essa declaração ousada de Paulo. Cerrou os punhos e protestou.

– Você não tem direito a dizer uma coisa dessas!

– Eu tenho todos os direitos – disse Paulo. – Você não tem fé!

Essa era a segunda vez em que Barnabé via Paulo agindo pela emoção. A primeira fora quando João Marcos, temendo por sua vida, retornou da viagem para a cidade de Damasco.

– Seja tolerante, Paulo... – Barnabé conteve-se. Não queria criar uma contenda com seu amigo. – Faça como quiser, meu amigo. Se achar que deve, envie essa mensagem.

Barnabé levantou-se da cadeira, dirigiu-se a porta, virou-se para ver seu amigo que olhava fixamente para a tela do *notebook* para evitar encontrar-se com os olhos de Barnabé e, depois disso, saiu e foi embora. Paulo deu um soco seco na mesa. Odiava entrar em desacordo com alguém, imaginou que Barnabé pudesse lhe entender, mas se enganara.

Ó gálatas insanos! Vocês perderam a razão? Quem foi que os enfeitiçou dessa forma? Digam-me: Não foi diante de vocês que Cristo Jesus foi exposto como crucificado? Tomo a liberdade de lhes perguntar uma coisa: foi através dos seus usos e costumes que vocês receberam o Espírito, ou não foi pela fé naquilo em que ouviram?

Será possível que vocês perderam a razão de tal forma que, tendo começado pelo Espírito irão agora se aperfeiçoar pelo esforço próprio? Começo a pensar que foi inútil o fato de terem sofrido tanto, não é? Não somente isso, mas Aquele que lhe dá o seu Espírito e opera milagres no meio de vocês, realiza essas coisas pelas boas obras de vocês, como que merecedores dessa graça, ou por meio da fé, pela qual vocês receberam a palavra?

Paulo continuou escrevendo até perceber que seu *e-mail* ficara extenso demais. Terminando de digitar, repassou mais uma vez a leitura para certificar-se de que não havia se esquecido de nenhum detalhe. Leu e releu até sentir-se satisfeito, pois um grave defeito em Paulo era o fato de que era meio perfeccionista, às vezes, e meio metódico. Depois de ter conferido bem o *e-mail*, clicou o botão de "Enviar" e mandou a mensagem para a liderança das igrejas da Galácia, na esperança de que fosse lido o mais depressa possível – e não somente lido, mas compreendido pelos irmãos. Era tarde já e Paulo resolveu deitar-se para dormir, o esforço mental exigido deixou-o cansado. Havia comido mal, estressara-se com Barnabé e ainda tinha os cuidados para com as igrejas lhe pesando. Tudo isso mexeu com seu emocional e por isso, precisava descansar.

♦

Ao amanhecer do dia seguinte, na sede da Igreja Nova Vida em Damasco...

– Foi uma ideia brilhante, Dr. Tavares! – disse um dos membros do conselho. – O pequeno grupo de Tiago e Paulo começou a se desestabilizar sentindo o impacto de nossos infiltrados. Uma excelente tacada de mestre!

Tavares estava sentado na poltrona presidencial que antes pertencera a Andrada, o antigo pastor presidente da Igreja Nova Vida. Em seu terno alemão grafite, gravata vermelha, camisas de punho duplo com botoeiras douradas e sapatos cromados, o atual presidente esbanjava um sorriso sarcástico, sorriso este que herdara de seu antecessor, enquanto recebia os relatórios acerca da missão intitulada operação falso-profeta. Essa operação fora traçada e arquitetada por Tavares com o intuito de fazer que seus principais pregadores se infiltrassem no grupo de Tiago e, aos poucos, fossem disseminando falsos ensinos no meio do povo. Isso faria com que Tiago e seus homens caíssem em descrédito pela comunidade cristã. Não apenas isso, mas também Tavares poderia se vingar de um dos maiores líderes do movimento de rebelião, Paulo, seu ex-genro, que ousara se aliar aos inimigos da Igreja Nova Vida e terminar o noivado com a sua filha, a jovem Helena Tavares.

– Fico feliz em ouvir isso, senhores! – disse Tavares. – Finalmente é chegado o momento que venho esperando por tanto tempo: a queda deste grupo de hereges! Eles são uma praga que infestam meu jardim dos sonhos.

Todos na reunião – ao todo uns cinco homens, membros do conselho de anciãos da igreja que ali estavam –, unânimes, batiam palmas comemorando, como já certa a derrota do grupo de Tiago.

– Desde que assumi o comando da Igreja Nova Vida, após a morte de meu velho amigo, o Dr. Andrada, prometi a mim mesmo que derrubaria esta rebelião! – a expressão no rosto de Tavares ficou sinistra enquanto falava. – Passados alguns anos, desde então, jamais deixei de sonhar com o dia em que esmagaria cada um deles, e finalmente esse dia é chegado! Precisei trabalhar nas sombras, sem que eles percebessem. Andrada era muito afoito, sempre agia sem pensar – um sorriso sarcástico se abriu no rosto do velho pastor. – Eu não ajo assim, sou mais cauteloso, porém, agora vemos o fruto do meu esforço sorrateiro.

Uma larga risada de Tavares se fez ecoar por toda a sala de reuniões. De fato, pensavam os demais membros do conselho, Tavares era mais ardiloso do que o falecido Andrada. Enquanto Tiago, Pedro e Paulo pensavam que haviam sido esquecidos pela Igreja Nova Vida, baixaram a guarda e deixaram qualquer novo pregador entrar para a causa. Com isso, eles ficaram vulneráveis a toda espécie de nova doutrina que, a princípio de forma sutil e depois mais escancaradamente, foi introduzida até confundir a mente dos irmãos.

– A *operação falso-profeta* está sendo um sucesso – bradou Tavares. – Continuem me mantendo informado sobre ela.

Todos aquiesceram, e se preparavam para sair quando Tavares os interrompeu, dizendo:

– Meus amigos – esta declaração soou-lhes bem falsa. – Desejo que cuidem de Paulo para mim!

– Como assim, Doutor? – perguntou um dos membros do conselho. – O senhor deseja que deem um fim nele, assim como a Estevão?

Tavares deu de ombros olhando para seus amigos de forma arrogante.

– Antes de morrer – prosseguiu o pastor –, Andrada me contou o motivo pelo qual usou Paulo para encabeçar a construção de nosso templo.

Todos se entreolharam perplexos, pois essa era também uma grande dúvida de cada um ali.

– Todos vocês sabem que temos muitos problemas com a justiça federal – disse-lhes Tavares, enquanto se levantava para fitar seus companheiros. – Pois bem, o propósito pelo qual Paulo nos serviu para a construção do grande templo foi de que, ele nos serviria de "bode expiatório" caso a justiça federal resolvesse nos importunar, afinal somos acusados de usar o dinheiro do povo de forma ilícita, bobagens! – riu o pastor presidente. – Eles não entendem nada! Muito bem, senhores, desejo que Paulo pague diante da justiça pelos crimes contra o governo federal – sonegação de impostos e uso ilícito de dinheiro público!

Tavares riu-se imaginando o espetáculo que seria o líder Paulo sendo preso por uso ilícito de dinheiro público, que escândalo seria esse! Isso seria mais um golpe duro contra a rebelião.

◆

O *e-mail* que Paulo mandou para as igrejas da Galácia repercutiu muito na região. Os líderes que apoiavam Tiago trataram de encaminhar para o maior número possível de pessoas entre os cristãos da igreja. O impacto foi grande, e o povo reagiu. As opiniões ficaram divididas, assim como Tavares queria: alguns eram a favor de Paulo e seu grupo, enquanto outros continuavam apoiando os ensinos errôneos da Igreja Nova Vida. Em suma, o ensinamento da igreja, sob a direção do falecido Carlos Andrada, havia se distanciado demais do verdadeiro evangelho de Jesus Cristo, agora defendido por Tiago, Pedro, Paulo e os demais irmãos. A mensagem dos pregadores enviados por Tavares estavam centradas no homem, e o ser humano era visto como uma espécie de semideus, intocável, invulnerável, e passar por adversidades na vida era um sinal de fraqueza na fé ou mesmo perturbação espiritual. A cruz de Cristo era deixada de lado, afinal, não se lucrava nada com uma mensagem antiquada e ultrapassada como esta! Ensinava-se também que a verdadeira prova de um cristão fiel era quanto ele prosperava nesta vida, e só se prosperava mediante largas e generosas contribuições – na verdade, verdadeiras extorsões ao povo –, a ganância não tinha limites! Eram distribuídos lencinhos ungidos, gravatas consagradas, arcas da aliança em miniaturas para trazer prosperidade e tudo de graça, deixando apenas uma oferta, claro, mas era "de graça"! Promessas falsas, pregadores irresponsáveis que distorciam a Palavra de Deus a seu bel-prazer, confundindo assim o povo. Isso e muito mais era disseminado pelos habilidosos pregadores de Tavares, tudo sob verdadeiros *shows* pirotécnicos de manifestações extravagantes que contrariavam a Palavra de Deus. Eles ensinavam também que a salvação era pela graça de Deus, porém o povo não poderia frequentar festas, assistir televisão nem jogo de futebol. As mulheres não poderiam em hipótese alguma cortar os cabelos ou mesmo tingi-los! Aos homens, era proibido usar bermudas ou camiseta regata e por aí vai. Se por acaso desobedecessem a alguma dessas regras, a condenação era certa! Levavam a religiosidade a tal extremo que fariam os fariseus do tempo de Cristo parecerem amadores.

O *e-mail* que Paulo enviara bateu de frente com esses problemas que a igreja vinha enfrentando. Para esse fim, Paulo não poupou palavras e escreveu tudo aquilo que precisava ser escrito!

Passados alguns dias desde o envio do *e-mail*, Paulo e Barnabé sobem de Antioquia a Damasco juntos a casa de Tiago, o habitual ponto de encontro para discutir sobre essa questão dos novos ensinamentos. Estavam reunidos na casa Tiago, Pedro e João, Filipe e Silas, juntos com João Marcos e Lucas também, entre outros. Assim que Paulo e Barnabé chegaram a Damasco, subiram à casa de Tiago onde foram muito bem recebidos pelos irmãos. A esposa de Tiago serviu um delicioso café a todos que agradeceram a cortesia com um sorriso amistoso nos lábios.

– Fomos informados por Paulo, nosso irmão, de problemas que vêm ocorrendo – começou Tiago – em toda a região da Galácia, região conhecida por nossos amados irmãos Paulo e Barnabé! Estiveram por lá em sua última viagem missionária. E não apenas na Galácia, mas também em Antioquia Paulo e Barnabé enfrentaram problemas semelhantes!

Paulo assentiu, dando a entender que era assim como Tiago falara. Um murmúrio começou a se ouvir na sala da casa de Tiago.

– A harmonia e a paz que vínhamos sentindo – continuou Tiago, escolhendo bem as palavras – estão sendo ameaçadas por pessoas infiltradas em nosso meio e que estão trazendo ensinos contrários à Palavra de Deus. Será que vemos nisso a mão da Igreja Nova Vida do Dr. Tavares?

Todos se mantiveram calados apenas observando Tiago, que continuava falando sobre essa questão tão delicada. Embora tivessem suas suspeitas, afirmar essa premissa era algo sério demais, até porque fazia tempo que eles não tinham nenhum problema de perseguição da parte da Igreja Nova Vida. Talvez tivessem se cansado da perseguição e resolvido deixá-los em paz!

– Tem ideia de quem sejam as pessoas que estão espalhando essas heresias, Tiago? – perguntou Filipe, o diácono.

Tiago olhou diretamente para Paulo fazendo com que os olhares de todos na sala convergissem para ele.

– O que me diz, Paulo, tem alguma ideia?

Paulo suspirou profundamente enquanto seus olhos passavam por toda a sala perscrutando cada olhar que lhe lançavam.

– Infelizmente, não! – disse Paulo contraindo os ombros. – Nenhuma pista, por isso não ouso arriscar. Pode ser qualquer um dadas as circunstâncias. Quando confrontei dois desses pregadores que surgiram em nossa igreja em Antioquia, tudo o que fiquei sabendo foi do problema, porém fiquei tão indignado que não pedi nomes. Perdoem-me, senhores, o erro foi meu.

– Não precisa se desculpar, meu irmão – replicou Pedro com seu sotaque do interior. – Mais cedo ou mais tarde descobriremos.

– Está acontecendo em toda parte, senhores – replicou Silas. – Em cada igreja nossa, esses ensinos estão sendo disseminados!

Timidamente João Marcos levantou sua mão e perguntou:

– Por favor, Tiago, o que iremos fazer quanto a isso? Digo, nosso povo não estava preparado para receber esse tipo de choque. Todos estão bastante confusos!

Tiago colocou sua mão sobre o queixo, olhando para o nada, e se pôs a pensar por um momento. Tentava reorientar suas ideias. O silêncio era tamanho que somente era quebrado pelo barulho dos pés do próprio Tiago batendo contra o chão em sinal de nervosismo. A esposa de Tiago, Miriam, aproximou-se de seu esposo e, colocando suas mãos sobre seus ombros, envolveu-o num caloroso abraço, demonstrando a Tiago que ela estava ao seu lado naquele momento crítico.

– Creio que o mais sensato, neste momento – disse Tiago – seria que Paulo e Barnabé retornassem a Antioquia para que pudéssemos nos inteirar melhor do problema ocorrido. O *e-mail* de Paulo gerou uma inquietação muito grande em nossos irmãos na região da Galácia e isso vem repercutindo por toda parte!

Pedro levantou-se e dirigindo-se a todos na sala disse:

–Tiago está certo, irmãos! Precisamos que, neste primeiro momento, nossos irmãos Paulo e Barnabé regressem a Antioquia e confirmem a fé dos santos! Tenho certeza de que Paulo teve a melhor das intenções quando se pronunciou daquela forma tão veemente, não estou certo irmão?

Paulo assentiu:

– Procurei apenas demonstrar aos nossos irmãos quão errado eles estavam ao voltar novamente às tradições da igreja.

Pedro, ouvindo isso, continuou:

– Pois muito bem, meus irmãos, Paulo posicionou-se muito bem, em minha opinião. Eu não teria feito melhor! Porém, ele escreveu conforme a sabedoria que Deus lhe deu e dessa mesma forma ele escreve em todos seus artigos, *e-mails* ou esboços de mensagens. Sua escrita tem alguns pontos difíceis de entender, e os ignorantes e instáveis na fé distorcem, como também o fazem com as Escrituras Sagradas, para a própria destruição deles!

– Difíceis de entender? – pensou Paulo, porém deixou de lado. – Procuro escrever da forma mais simples possível! – cochichou para Barnabé.

Barnabé deu de ombros, para frustração de Paulo.

– Então ficamos entendidos assim – disse Tiago a todos na reunião. – Paulo e Barnabé retornarão, porém levarão consigo Judas, também chamado Barsábas e Silas, dois grandes líderes entre o povo, para os auxiliarem nesta sua missão. Todos estão de acordo, ou alguém discorda?

Todos assentiram. Estavam felizes porque Tiago havia feito uma excelente escolha como companhia para Paulo em seu retorno para casa. Judas e Silas eram verdadeiros homens de Deus que por várias vezes arriscaram-se pela causa do evangelho, servindo de forma humilde e simples. Eram ambos profetas, e serviam a Deus proclamando Jesus Cristo ressuscitado.

– Muito bem, Barnabé – disse Paulo entusiasticamente. – Reúna suas coisas, pois partiremos logo cedo de volta para Antioquia!

Barnabé levantou-se para começar a arrumar seus pertences para partirem pela manhã quando Tiago os interrompeu.

– Só um instante, Paulo, Barnabé!

Ambos olharam para Tiago surpreso, indagando consigo mesmo o que viria da parte de dele agora.

– Sei quanto vocês devem estar ansiosos – disse-lhes Tiago – para partir o mais breve possível para resolverem essa questão de uma vez por todas, porém peço a vocês que esperem um pouco. Junto com vocês mandarei uma carta redigida por mim para que vocês leiam ao povo assim que chegarem a Antioquia.

Tiago ausentou-se da sala por um instante, todos os irmãos estavam aguardando seu retorno com um ar de interrogação no semblante. Voltando com uma folha de papel e uma caneta na mão, Tiago pôs-se a escrever de próprio punho uma carta breve que seria entregue e lida nas igrejas de Antioquia. Terminada a carta, entregou-a nas mãos de Paulo e lhe disse, firmando um olhar determinado:

– Leia esta carta para o povo, diga-lhes que são recomendações minhas e que farão bem se seguirem meus conselhos!

Paulo pegou o pedaço de papel e se pôs a ler a carta, que dizia assim:

"Os irmãos pastores e presbíteros, aos cristãos que estão em Antioquia, na Síria e na Cilícia: Saudações.

É de nosso conhecimento que alguns homens vieram a vocês e, sem que tivessem nossa autorização, ensinaram-lhes doutrinas estranhas, perturbando a vocês e transtornando a mente de vocês com o que disseram e ensinaram. Sabendo disto, nos propusemos a enviar-lhes, juntamente com nossos amados irmãos Paulo e Barnabé, outros dois homens, sendo eles Judas e Silas para que confirmem verbalmente aquilo que por carta já vos escrevo. Pareceu bem ao Espírito Santo e a nós não lhes impor encargos religiosos e tradições sem valor, ou qualquer outra coisa que venha perverter o evangelho de Jesus Cristo. Que fique bem claro que nossa salvação vem exclusiva e unicamente pela fé na graça de Deus demonstrada em Jesus! No demais, vocês farão bem se evitarem contato com estes que vos trazem este tipo de ensino pervertido e contrário a fé cristã. "Que tudo lhes vá bem". Tiago.

No dia seguinte, de posse da carta de Tiago, Paulo e Barnabé, na companhia de Lucas, Silas e Judas seguiram viagem de volta à Antioquia, onde tinham como missão esclarecer o verdadeiro sentido do evangelho aos demais cristãos. Eles ainda não tinham noção da dimensão dos problemas que os aguardavam no seu retorno para casa.

◆

Quando chegaram a Antioquia, Paulo e seus companheiros reuniram o povo cristão da igreja e na presença de todos leram a carta de Tiago explicando o motivo que os levou a subirem até Damasco. Contaram sobre a reunião na casa de Tiago e como eles foram designados a voltar para Antioquia com o intuito de esclarecer os problemas causados pelos falsos pregadores. Quando foi lida a carta, o povo recobrou ânimos e se alegraram com as palavras de Tiago, um grande líder que a igreja tinha. A maioria do povo se arrependeu de ter dado ouvido ao que aqueles pregadores haviam ensinado. Sentiam-se envergonhados, pois a igreja de Antioquia se orgulhava de ter um dos melhores ensinos teológicos vindo dos grandes expositores do evangelho, e tinha como pastores, entre eles, os próprios Paulo e Barnabé. Alguns, ainda assim, não quiseram se arrepender, antes foram irredutíveis, não querendo ceder, pois as palavras de promessas falsas estavam por demais arraigadas em seus corações e em suas mentes.

O tempo foi passando e o povo da igreja pode se beneficiar muito com a ajuda que Judas e Silas lhes prestaram. Sendo os dois profetas, confirmavam com sinais e maravilhas o evangelho de Jesus Cristo que por eles era pregado. Como já se passava alguns meses desde que haviam retornado de Damasco, Judas decidiu voltar para sua casa para poder ajudar a igreja de Damasco. Silas, porém, decidiu ficar com Paulo, pois sentia que ainda podia ser útil estando por perto. Paulo e Barnabé permaneceram, todo o tempo, ensinando o povo, começando pelos primeiros rudimentos da fé, para minimizar os problemas que a mensagem dos pregadores de Tavares havia causado no povo. Havia muito trabalho, e muitas dúvidas na mente do povo precisavam ser sanadas, o que era um trabalho que Paulo realizava com prazer, amor e muita paciência. Sua maior alegria era proclamar o nome de Jesus Cristo, era ensinar a qualquer um sobre o Cristo que mudara sua vida no caminho de Damasco. O Cristo que o amou e o chamou para ser um pregador de Seu evangelho de salvação. Porém, com todo o sucesso que tinha sobre os falsos ensinos, algo ainda incomodava o coração de Paulo. Um zelo pelo povo da Galácia queimava-lhe no peito, algo precisava ser feito pelo povo que ele arrebanhara para Cristo Jesus. Sentindo que o trabalho em Antioquia estava se reerguendo e se reestruturando, Paulo, chamando Barnabé, decide confidenciar algo que lhe queimava o coração.

– Barnabé, após alguns meses de trabalho duro – disse-lhe Paulo –, o povo de Antioquia está retornando para o evangelho! Nosso povo está mais forte, mais preparado para enfrentar os perigos de falsos mestres e nossos presbíteros estão mais instruídos.

Barnabé aquiesceu curvando a cabeça em sinal de consentimento.

– Sim, meu amigo – disse Barnabé. – Eu sei disso. Por quê? Em que está pensando? Não me diga que está pensando em... – Barnabé conteve-se, temia continuar a frase.

Com um sorriso no rosto Paulo continuou:

– É isso mesmo Barnabé, meu velho! Penso em ir novamente à região da Galácia para confirmar, assim como fizemos aqui, a fé de nossos irmãos! Irei até lá para ver como eles estão. Você virá comigo?

Capítulo 11
Uma viagem – dois caminhos

Na manhã seguinte, Paulo já terminava de arrumar os pertences que levaria em sua mochila: toalha, creme dental, escova, uma lanterna para quando fosse noite, sua Bíblia e algumas camisas extras, entre outras coisas. O dia estava ensolarado na cidade de Antioquia, e o mercado da cidade estava movimentado. O ponto de encontro para partida ficou sendo a casa de Paulo. De lá, partiriam para a região da Galácia onde visitariam cada cidade nas quais estiveram em sua primeira viagem missionária, com o intuito de confirmarem a fé dos irmãos. Paulo dava uma última olhada em seus pertences para ver se não se esquecera de nada. No meio de seus pertences encontrou uma foto sua, ao lado do falecido Dr. Andrada, tirada no dia em que foi empossado como pastor titular na Igreja Nova Vida. Passaram-se oito anos desde aquele dia, porém Paulo lembrava-se como se tivesse sido ontem. Quantas coisas aconteceram nos últimos oito anos; Paulo não era mais o jovem pastor de 26 anos que se vestia muitíssimo bem, com roupas caras pagas pela igreja, iludido pelo poder e pela fama, e que estava à frente de uma das instituições religiosas mais poderosas que existia, era agora um pastor de 34 anos que se vestia modestamente e que liderava uma igreja na cidade de Antioquia.

Paulo ficou ali, detido em seus pensamentos, até que um toque na campainha de sua casa lhe chamou a atenção.

Era Lucas, que não perderia a oportunidade de mais uma aventura ao lado de seus companheiros por nada! Paulo deixou suas coisas de lado e foi até a porta, atendê-la para que Lucas pudesse entrar.

– Fico feliz que tenha chegado no horário combinado, Lucas! – disse Paulo, cumprimentando seu amigo.

Lucas sorriu devolvendo o cumprimento:

– Não perderia esta viagem por nada, Paulo!

– Não se esqueça de que eu já o preveni antes, Lucas... – repreendeu-lhe Paulo.

Lucas deu-lhe um sorriso maroto, repetindo numa entonação de voz mais grave, como que imitando Paulo:

– Eu sei, eu sei! Isso não é um passeio, é uma missão muito séria!

Paulo deu uma risada. Gostava da companhia de Lucas, pois era uma pessoa sempre alegre e que os animava sempre.

– Pois muito bem, Paulo – perguntou Lucas, demonstrando nervosismo e ansiedade. – O que esperamos para partirmos em viagem?

Paulo olhou para seu relógio, pensou por um instante, fitou a estrada pela sua janela e disse:

– Tenha calma, Lucas – disse Paulo enfaticamente. – Precisamos esperar que Barnabé chegue, ele também nos acompanhará!

Lucas sentou-se pesadamente numa cadeira. A ideia de demorarem a sair não lhe agradou em nada.

– Ora essa – exclamou Lucas com indignação. – Você não o avisou qual seria o horário combinado? Vai ver que ele ainda está dormindo!

Quanto a isso, Paulo apenas sorriu. Porém, Paulo achava estranho o fato de Barnabé ainda não ter chegado. Ele sempre era muito pontual com seus compromissos. O que teria causado tanto atraso dele?

– Enquanto esperamos – disse Paulo em tom de sarcasmo –, você não aceita um café? Ou talvez um suco de maracujá, é bom para seu nervosismo!

– Não teve graça, Paulo! – replicou Lucas, indignado.

♦

Enquanto aguardavam a chegada de Barnabé, Tiago desceu de Damasco para a casa de Paulo em Antioquia. Sendo recebido por Lucas e Paulo, Tiago chegara para despedir-se de seus companheiros de ministério e recomendá-los a graça de Deus nessa viagem. Tiago estava vestido de maneira informal, com uma bermuda *jeans*, sandálias nos pés, camiseta florida e óculos de sol, nem parecia aquele homem imponente que pregava com autoridade e eloquência. Ele gostava de se vestir dessa maneira, sentia-se à vontade em pleno clima quente de Antioquia. Estava em muito boa forma, apesar de seus 38 anos de idade, ele esbanjava uma excelente saúde.

– Tiago, meu irmão! – exclamou Paulo, surpreso. – A que devemos a honra de sua visita? Deseja entrar e tomar um café?

Tiago declinou o convite, estendendo as mãos em sinal de agradecimento.

– Obrigado, Paulo, não se incomode! Sei muito bem que vocês estão de saída. Minha visita aqui será muito rápida.

Paulo convidou-o para entrar, mas Tiago também recusou alegando que não demoraria mais do que o necessário. O dia estava ensolarado, os pássaros cantavam nas copas das árvores que ficavam na praça da cidade, os vizinhos passavam e cumprimentavam Paulo e Tiago, que erguiam as mãos retribuindo o cumprimento.

– O motivo de minha rápida visita aqui Paulo – disse-lhe Tiago levantando os óculos de seus olhos castanhos. – É que queria saber se você irá mesmo voltar à região da Galácia.

Paulo suspirou, olhou para o céu azul por um instante, mordeu os lábios e, voltando-se novamente para Tiago, fitou-o nos olhos. Os olhos de Paulo transmitiam uma segurança e um brilho intenso que demonstrava toda sua determinação de cumprir sua missão de proclamar o evangelho.

– Sim, Tiago! – disse, por fim, Paulo. – Preciso fazer esta viagem mais uma vez! – era possível sentir a firmeza de suas palavras. – Não podemos deixar nosso povo continuar vivendo esse evangelho medíocre que lhes tem sido apresentado pela igreja. Enquanto estou aqui parado, muitas almas estão morrendo sem conhecer Cristo ou conhecendo um falso Cristo!

Tiago aquiesceu. Sabia que as palavras de Paulo eram verdadeiras e por um instante desejou que mais homens tivessem essa determinação que ele demonstrava. A maioria dos pregadores que Tiago conhecera, enquanto esteve à frente de algumas das congregações da Igreja Nova Vida, tinha seus corações e estímulos voltados para o dinheiro. Faziam a obra esperando apenas algum benefício. Para tanto, esses pregadores não mediam esforços: gravando seus DVDs, cobrando absurdos para pregar em congressos e cultos públicos, distorciam a Palavra de Deus em busca de algum benefício próprio, extorquindo o povo e manipulando-os com falsas promessas de bênçãos ou pelo medo de maldições.

– Eu compreendo! – respondeu Tiago. – Tem a minha bênção nesta viagem. Nós o apoiamos nesse seu empreendimento, meu irmão! – Tiago fez menção de sair quando se lembrou: – Ah, sim! Lembrei-me! Quase me esqueci, trouxe uma coisa para você levar nesta viagem. Um presente dos irmãos de Damasco...

Paulo levantou a sobrancelha um tanto confuso. Um presente, para ele? Ficou curioso enquanto Tiago levava a mão no bolso de sua bermuda pegando um envelope branco e entregando-o a Paulo. Seria alguma carta para levar aos irmãos gálatas como foi em Antioquia?

– Aqui está, pegue! – estendeu o envelope misterioso com um largo sorriso no rosto. – É uma pequena oferta que arrecadamos entre os irmãos para custear parte de sua viagem!

– Ora, Tiago, não precisava! – disse Paulo constrangido. Seu rosto corou enquanto estendia as mãos para pegar o envelope.

– Não precisa ficar constrangido – replicou Tiago. – Você está indo nessa viagem confirmar os irmãos, nada mais justo do que o ajudarmos. Se não podemos ir a campo, pelo menos contribuiremos de alguma forma. Conte com nossas orações a Deus por vocês também!

Paulo agradeceu Tiago, abraçando-o. Tiago o recomendou à graça de Deus e, tendo terminado o que tinha a fazer ali, retirou-se e voltou a Damasco. Paulo entrou e encontrou Lucas, que ficou aguardando do lado de dentro da casa até que Paulo retornasse.

– Quem era na porta, Paulo? – perguntou Lucas enquanto folheava sua velha Bíblia.

– Era Tiago – disse-lhe Paulo estendendo o envelope sobre a mesa. – Ele veio de Damasco para nos entregar essa quantia em dinheiro para nos custear a viagem. Foi uma contribuição de nossos irmãos de Damasco.

Os olhos de Lucas se arregalaram enquanto analisava o envelope e contava a quantia que nele continha. Era mais do que o necessário para que eles pudessem se manter na viagem!

– Uau! Veja isso, Paulo! – exclamou Lucas perplexo. – Aqui tem mais do que necessitávamos!

Paulo sorriu para seu amigo e apoiando-se sobre a mesa disse:

– Deus tem nos providenciado todos os recursos necessários para cumprirmos nosso chamado, Lucas! Louvado seja o Seu Nome!

♦

De repente, um carro estaciona em frente à casa de Paulo e dois homens, um deles aparentando ser bem mais velho do que o outro, descem indo em direção à porta. O homem mais velho estende sua mão e toca a campainha, aguardando que o dono da casa viesse abrir a porta. Quando Paulo foi abrir a porta, seu rosto ficou radiante ao ver que um deles era seu velho companheiro Barnabé que acabara de chegar.

– Finalmente você chegou, meu amigo! – exclamou Paulo. – Já imaginava que você tivesse desistido por causa do medo.

Barnabé estendeu-lhe as mãos em sinal de respeito e simpatia e replicou-lhe:

– Com medo? Ora essa! – cutucou Barnabé. – Você sabe muito bem que nossa última viagem só foi um sucesso por que eu o encorajei o percurso todo!

– Encorajou-me, é? – replicou Paulo, sorrindo sarcasticamente. – Quem foi que ficou apavorado, chorando como um bebê e querendo voltar depois que levou uma chuva de pedras na cabeça?

Barnabé deu de ombros. Não queria continuar discutindo, pois sabia que, em se tratando de valentia, Paulo era muito mais corajoso do que ele. Ambos se cumprimentavam calorosamente quando Paulo percebeu, que atrás de Barnabé, havia a presença de uma segunda pessoa. João Marcos, primo de Barnabé, o mesmo que os abandonara com medo em sua última viagem, no caminho de Perge. O semblante de Paulo ficou transtornado e, tenso, ele limitou-se a cumprimentar João Marcos com um aceno de cabeça, calado, sem palavras. João Marcos sentiu-se constrangido com isso, e Barnabé fingiu não ter percebido, pois não queria levantar contendas naquele momento tão importante. Observando melhor, Paulo percebeu que João Marcos carregava uma mochila de viagem em suas costas e com isso ficou um tanto incomodado. O que ele pensava? Por acaso tinha a intenção de segui-los nessa viagem também?

– Hã, Barnabé – sussurrou Paulo. – Posso lhe falar um instante?

Barnabé concordou sentindo-se desconfortável. Todos entraram na casa de Paulo. João Marcos acomodou-se no sofá sendo acompanhado por Lucas, que conversava com o jovem a fim de distrair-se um pouco.

Barnabé e Paulo foram até outro cômodo da casa para poderem conversar mais à vontade sem se preocuparem com ninguém. Paulo estava visivelmente irritado e perturbado, pois a presença de João Marcos despertara nele ressentimentos do dia em que ele os abandonou no meio da missão, no momento em que mais precisariam de sua ajuda.

– Qual o problema, Paulo? – indagou Barnabé, já desconfiado do que estivesse incomodando seu amigo.

Paulo estava de costas para Barnabé, olhando pela janela de sua casa para a longa estrada que levava aos limites da cidade.

– Diga-me, Barnabé – Paulo escolhia com cuidado suas palavras. – Com que intuito você trouxe seu primo aqui? Você não está pensando em levá-lo, não é mesmo?

Barnabé sentiu-se acuado, já imaginava que Paulo poderia não gostar muito da ideia, porém não esperava uma receptividade como aquela.

– Bem, sim, Paulo! Era essa a minha intenção. Mas por que pergunta? Qual o seu problema? Por que você parece não ter gostado muito da ideia?

– Eu me oponho à ida de João Marcos! – trovejou Paulo.

Seus olhos estavam vidrados em Barnabé, que apenas o fitava perplexo, atônito demais para conseguir falar. Fazia aproximadamente dois anos desde aquele incidente na estrada de Perge e Paulo ainda parecia guardar ressentimentos quanto a isso.

– Mas, por que, Paulo? – conseguiu balbuciar Barnabé, ainda aturdido. – O que deu em você?

O clima na casa estava tenso, pesado, o cerco se fechara entre os dois amigos de viagens.

– Será que você já se esqueceu – lembrou-lhe Paulo – de que seu primo nos abandonou, melhor dizendo, abandonou a obra de Deus, agindo como um cão covarde com medo de seu dono, e fugiu de volta para salvar sua vida?

– Espere um momento, meu jovem! – exaltou-se Barnabé. – Não precisa falar dessa maneira só por que o garoto ainda não estava preparado para uma missão como aquela. Confesso que a atitude dele não foi a mais acertada, mas há que se dar um voto de confiança para ele, o rapaz amadureceu muito depois daquilo!

Lucas procurava falar o mais alto possível para abafar a discussão entre Paulo e Barnabé a respeito do garoto à sua frente. Marcos estava com um semblante triste, o que deixou Lucas muito sem graça.

– E então, hã... Marcos, bem, é... Você já ouviu a piada do pastor, do evangelista e do diácono passando na frente de um bar? – Lucas procurava distrair João Marcos, porém era em vão. O humor deles, naquele dia, não era dos melhores e tudo por sua causa, assim pensava Marcos!

Um som abafado e seco se fez ouvir da sala onde Lucas e Marcos estavam. Paulo esmurrara a mesa num surto de raiva. Seu grande defeito era não ter muito controle emocional.

– Já lhe disse que comigo ele não vai! – bradou Paulo enquanto dava outro murro na mesa.

Barnabé sempre fora mais pacífico, sempre agia mais pela razão do que pela emoção.

— Eu discordo de você, Paulo — vociferou Barnabé. — O rapaz merece mais uma chance. Todos nós estamos sujeitos a errar e o rapaz não foi exceção. Mas o que aprendemos com Jesus não é justamente perdoar nossos irmãos?

Paulo deu de ombros, abanando suas mãos no ar, e não queria agir pela razão. Seu ressentimento pesava mais na balança do que as palavras razoáveis de Barnabé.

— Não importa o que você diga. Nada mudará o fato de que ele agiu como um covarde na primeira vez e não podemos arriscar nossa missão novamente. Se você persistir em levá-lo, eu não irei!

Barnabé não podia acreditar no que estava ouvindo. Paulo era um homem brilhante, um verdadeiro servo de Jesus Cristo que agora estava agindo pior do que uma criança birrenta querendo que a mãe compre doces. Isso só servia para mostrar para Barnabé, na verdade para ambos, que por mais dons e habilidades que os homens de Deus tivessem, eles ainda continuavam a ser homens, seres humanos com defeitos e falhas, sujeitos ao pecado. Barnabé sentiu muito o impacto das palavras de Paulo. Paulo por sua vez estava irredutível, não levaria mesmo João Marcos, nem iria arriscar novamente a missão.

— Sendo assim, meu amigo — disse Barnabé em tom melancólico. — Eu irei, mas levarei comigo João Marcos. Faça como quiser, porém não posso deixar de dar uma nova oportunidade para o rapaz. Todos merecemos uma nova chance. Até mesmo alguém que já nos decepcionou antes. O amor de Cristo nos constrange a isso: perdoar!

Paulo voltou-se para a janela novamente, arquejou um pouco e disse-lhe:

– Você escolheu seu próprio caminho! Eu também irei viajar até a região da Galácia, mas não irei com você desta vez. Não posso me permitir ser acompanhado por esse rapaz. Sinto muito!

Barnabé aquiesceu. Não tendo mais nada o que dizer, voltou-se para sala onde, encontrando seu primo João Marcos, pegou-o, e juntos saíram e viajaram em direção à região da Galácia, começando pela ilha de Chipre. Paulo os viu saírem, porém um sentimento forte lhe vinha ao coração. O sentimento de que não mais os veria em vida.

– Bobagens! – resmungou Paulo. – Isso é bobagem!

Estando agora sem seu parceiro de longa data, seu companheiro de viagens, Paulo precisava escolher alguém para ocupar o lugar de Barnabé. O fato de viajar ao lado de Lucas sozinho era, para Paulo, assustador demais. Quer dizer, Lucas era um homem de Deus, um médico competente que viria bem a calhar, além de um companheiro fiel, porém o bom humor constante de Lucas incomodava um pouco Paulo.

– Lucas – estalou Paulo –, contate-me Silas! Diga-lhe que preciso de alguém que me acompanhe em uma viagem e preciso de uma resposta urgente.

– Silas, hã... – perguntou Lucas meio incrédulo. – Você diz aquele rapaz que veio conosco da cidade de Damasco?

– Isso mesmo! Vamos, mexa-se – cutucou-o Paulo. – Estamos com pressa e precisamos partir imediatamente!

Assim, seguiram em viagens separadas, Barnabé e João Marcos para a ilha de Chipre, enquanto Paulo, Lucas e Silas seguiram caminho contrário pelas cidades da Síria e Cilícia. Todos eles seguiram com apenas um único propósito: *"Fortalecer as igrejas e confirmar a fé dos irmãos"*.

INFORMAÇÕES SOBRE NOSSAS PUBLICAÇÕES
E ÚLTIMOS LANÇAMENTOS

Cadastre-se no site:

www.editoraagape.com.br

e receba mensalmente nosso boletim eletrônico.

Impresso nas oficinas da
SERMOGRAF - ARTES GRÁFICAS E EDITORA LTDA.
Rua São Sebastião, 199 - Petrópolis - RJ
Tel.: (24)2237-3769